Kohlhammer Taschenbücher
Band 1072

Bürger im Staat

Herausgegeben von der
Landeszentrale für politische Bildung
Baden-Württemberg

Die Technologische Revolution und ihre Folgen

Mit Beiträgen von
Willy Erlwein
Ernst Hofmeister
Jürgen Seetzen
Friedrich Weltz
Arndt Sorge
Gerlinde Dörr
Werner Dostal
Werner Wild
Ludwig Issing

Redaktion: Hans-Georg Wehling

Verlag W. Kohlhammer
Stuttgart Berlin Köln Mainz

CIP-Kurztitelaufnahme der Deutschen Bibliothek

Die technologische Revolution und ihre Folgen
mit Beitr. von Willy Erlwein ... Red.: Hans-Georg Wehling.
Stuttgart, Berlin, Köln, Mainz: Kohlhammer, 1985.
(Kohlhammer-Taschenbücher; Bd. 1072: Bürger im Staat)
ISBN 3-17-009002-X

NE: Erlwein, Willy [Mitverf.]; GT

in Verbindung mit der
Landeszentrale für politische Bildung
Baden-Württemberg
Verlagsort: Stuttgart
Umschlag: hace
Umschlagfoto: dpa
Gesamtherstellung:
W. Kohlhammer Druckerei GmbH + Co. Stuttgart
Printed in Germany

Inhaltsverzeichnis

Vorwort

Eine technologische Revolution von bislang kaum bekanntem Ausmaß hat begonnen, die unser aller Leben tiefgreifend verändern wird. Mikroelektronik, eine neue Computer-Generation und neue Kommunikationstechnologien mögen als Stichworte genügen. Produktionsstätten und Büros, berufliche Tätigkeit, Bildung und Feierabend werden in gleichem Maße von dieser Revolution betroffen.
Wie in ähnlichen Situationen in früheren Zeiten wirkt eine solche Revolution in höchstem Maße verunsichernd. Durchaus zu Recht, weiß man doch im vorhinein nicht, wie sie sich letztendlich auswirken wird: auf den eigenen Arbeitsplatz, auf das Einkommen, auf das Sozialprestige, überhaupt auf die gesamte Lebenssituation. Wie immer weiß man auch nicht im voraus, ob man letztlich zu den Gewinnern oder Verlierern dieser Revolution gehören wird. Namentlich wer auf der sozialen Stufenleiter weiter unten steht, argwöhnt, er könne auf der Strecke bleiben. Jedwede Form von Maschinenstürmerei hat hier ihren Grund. Zugleich zeigen hier aber die historischen Beispiele, daß technologische Revolutionen letztlich nicht aufzuhalten sind.
Wird damit einem technologischen Determinismus das Wort geredet? Muß man letztlich hinnehmen, was kommt? Keineswegs. Die technischen Möglichkeiten sind nicht bar jeder Alternative in Nutzung und Realisierung. Vielfältige Möglichkeiten bieten sich an: Chancen und Gefahren für uns alle, Nutzen für die einen, Nachteile für die anderen – je nachdem, wie man von den technischen Möglichkeiten Gebrauch macht, wie man sie im Einzelfall umsetzt. Denn die technologische Revolution ist im hohen Maße von uns Menschen gestaltbar – das ist das übereinstimmende Fazit aller Beiträge dieses Buches.
Damit aber wird technischer Fortschritt zum Politikum: Denn Politik ist wesentlich die Auseinandersetzung um die Gestaltung menschlicher Beziehungen. Nur was gestaltbar ist, ist auch der Diskussion, des Streits und der Entscheidung zugänglich. Immer auch kommen hier Interessen ins Spiel: Entscheidungen zwischen Alternativen begünstigen die einen und benachteiligen die anderen, zumindest aber die einen mehr als die anderen.
Wer Entscheidungen nicht einfach hinnehmen will – vor allem dann nicht, wenn sie sich gegen ihn richten könnten –, wer seine Interessen wahrnehmen und in den Entscheidungsprozeß, gerade auch auf der Ebene des Betriebes, einbringen möchte, benötigt Informationen. Die möchten wir hier möglichst umfassend bieten.

Alle Autoren bemühen sich auch um ein hohes Maß von Verständlichkeit und Anschaulichkeit, auch wenn das bei dieser Materie nicht einfach ist und nicht gleicherweise bei jedem Thema gelingen kann. Man muß sich als Leser auch schon bemühen.
Die Beiträge dieses Buches beschäftigen sich mit den wirtschaftlichen, sozialen und politischen Folgen der technologischen Revolution. Vorangestellt ist ein Beitrag, der die technischen Möglichkeiten als solche darstellt – stark konzentriert auf die Mikroelektronik, der ja eine Schlüsselfunktion bei der technologischen Revolution zukommt. Das Buch enthält ferner einen umfassenden Beitrag, der die technologische Revolution und die Auseinandersetzung mit ihr theoretisch einzuordnen versucht.

Stuttgart, den 5. August 1985 Hans-Georg Wehling

Willy Erlwein

Neue Technik: Auf Gedeih oder Verderb

Gesellschaftliche und politische Konsequenzen neuer Technologien

Der Siegeszug der Mikroelektronik wird unser Leben grundlegend verändern

Die sogenannte „Dritte industrielle Revolution", der Siegeszug der Mikroelektronik, scheint in den Industrieländern unaufhaltsam zu sein. Dieser Prozeß läuft aber gleichzeitig mit dem Prozeß der „Entzauberung der technischen Zivilisation" im Rahmen eines *umfassenden Wertewandels,* eines Paradigmenwechsels, ab: Ehedem nie hinterfragte industriegesellschaftliche Werte wie ständiges ökonomisches Wachstum, stetiger technischer Fortschritt, stehen heute angesichts einer dramatischen Verschlechterung der Umweltsituation und einer anhaltenden Massenarbeitslosigkeit nicht mehr als unhinterfragte Prämissen menschlicher Existenz.
Auch die zunehmende Entfremdung des Menschen angesichts immer komplexer werdender, durch Automation bestimmter Arbeitsprozesse scheint eine reale Gefahr zu sein. Sicher ist, daß der auf breiter Ebene stattfindende Einsatz der Mikroelektronik das Leben der Menschen in den Industriegesellschaften nachhaltig und grundlegend verändern wird, dies sowohl in der Privatsphäre als auch im Berufsleben.
Die Diskussion darüber, ob diese Entwicklung wünschenswert ist oder nicht, welche Folgewirkungen die „Informatisierung der Gesellschaft" haben wird, ist mit aller Heftigkeit zwischen Befürwortern und Kritikern entbrannt und führt zu sehr kontroversen Annahmen.
Die Problemstellung reicht von der Frage nach den Auswirkungen auf die Arbeitsplätze, auf die Qualifikation des einzelnen Arbeitnehmers, bis zur Frage nach möglichen weiteren „Sinnentleerungen" menschlicher Existenz und den Auswirkungen auf das politische System repräsentativer Demokratien.
Angesichts der Tatsache, daß die neuen Technologien für jeden von uns fühlbare Auswirkungen haben werden, „rückt die demokratie-

theoretisch bislang vernachlässigte Frage nach den gesellschaftlichen Konsequenzen eines von den neuen Informations- und Kommunikationstechnologien eingeleiteten Rationalisierungsprozesses in den Vordergrund"[1]). Es stellt sich unmittelbar die Frage nach den konkret möglichen Veränderungen der Gesellschaft durch die neuen Technologien. Es ist anzunehmen, daß tiefgreifende *Veränderungen im sozio-ökonomischen Bereich Auswirkungen auf das politische System* haben werden, seien sie nun positiver Natur – vermehrte Möglichkeiten politischer Partizipation des Bürgers – oder negativer Art – zunehmende Entmündigung des Bürgers.
Angesichts dieser möglichen Implikationen technologischer Entwicklungen ist die Frage zu stellen, ob technologischer Fortschritt ohne wirksame *gesellschaftliche Kontrolle* – auch unter demokratietheoretischen legitimatorischen Aspekten – überhaupt noch denkbar ist.

Doch die Auswirkungen sind strittig

Die Behandlung des Themas „Auswirkungen der Mikroelektronik" reicht von der ernsthaften empirischen Analyse bis zur bloßen Spekulation, die Szenarien von der „Verheißung des Paradieses" bis zur Schreckensvision „Orwellschen Zuschnitts".
Der – inzwischen verstorbene – Präsident des *Club of Rome, Aurelio Peccei,* bezeichnete die Mikroelektronik als „die vielleicht größte Revolution in der Geschichte der Menschheit". Sie bringe unbekannte, nie dagewesene Risiken und Chancen. Es entstehe, so *Peccei,* eine fundamental neue Weltzivilisation. Wer da nicht mitmache, falle zurück. Wer die Mikroelektronik als technische und gesellschaftliche Herausforderung bewältige, werde die Welt beherrschen. Unterschiedliche Vorstellungen über die Zukunft der Gesellschaft fanden und finden je für sich ihre Anhänger. Sind die einen davon überzeugt, daß die Macht der industriellen „Megamaschine" gebrochen werden müßte, so meinen die „Gläubigen der industriellen Wachstumsgemeinde", daß die Mikroelektronik „eine weitere Chance zur Bewältigung der Zukunftsprobleme durch Superindustrialisierung" böte[2]). Die Nutzung der Mikroelektronik „. . . könnte zur faktischen Abschaffung der Armut und der Tyrannei der Arbeit führen. Der Mikroprozessor könnte tatsächlich der Schlüssel zu Utopia werden"[3]). „Computopia" – die Utopie einer vom Computer beherrschten Gesellschaft, für die einen die Verheißung des Paradieses, für die anderen das Schreckensbild einer gleichgeschalteten, technisch steuerbaren Gesellschaft.
In den folgenden Kapiteln sollen, ausgehend von der traditionellen „Technikkritik" verschiedener ideologischer Denkrichtungen, mögliche Folgewirkungen der „Neuen Technologien" im gesellschaftlich-politischen Raum behandelt werden. Die Aussagen können nur hy-

pothetischen Charakter für sich in Anspruch nehmen, da empirisch gesicherte Annahmen zum derzeitigen Zeitpunkt nur in sehr beschränktem Umfang möglich sind.

Seit jeher ist die Einstellung des Menschen zum technischen Fortschritt ambivalent

Die Einstellung des Menschen zur technischen Entwicklung war seit jeher sehr ambivalenter Natur, sie reichte und reicht von unreflektierter Faszination bis zur mystifizierten Angst vor den Gefahren, die von nicht mehr beherrschbaren Entwicklungen drohen, und der philosophisch-ethisch – aus einem kulturpessimistischen Zusammenhang – begründeten Ablehnung der „Maschine".
Es spielte und spielt mehr denn je die *Furcht vor dem Verlust des Arbeitsplatzes* ebenso eine Rolle wie die Besorgnis vor einer *Sinnentleerung* des menschlichen Daseins durch die Automation aller Lebensbereiche. Die Furcht vor der *Zerstörung* menschlichen Lebens durch die Anwendung der Technik *im Militärbereich* und die *Zerstörung der Umwelt* in bisher nie gekanntem Ausmaß sind die Begleiterscheinungen moderner Technikentwicklung.
Schon in Zeiten der „industriellen Revolution" des 19. Jahrhunderts – zu einer Zeit in der „Technikakzeptanz" kein Problem war – stieß der technische Fortschritt bei bestimmten Gruppen der Bevölkerung auf erbitterten Widerstand. Man denke nur an den Aufstand der schlesischen Leinenweber von 1844, denen die fabrikmäßige Produktion ihre Lebensgrundlage entzog. Doch bereits im Laufe des 18. Jahrhunderts hatten mehrfach englische Arbeiter die neuen Maschinen und Fabriken zerstört, weil sie in ihnen die Ursache für ihre Notlage sahen.

Mit Hilfe des Mikroprozessors in die „Kommunistische Endgesellschaft"

Das Lager der „Befürworter" stetigen technologischen Fortschritts vereint unterschiedliche, sich sonst unversöhnlich gegenüberstehende ideologische Richtungen, Marxisten und Vertreter der freien Marktwirtschaft, die über verschiedene Analysen zum gleichen Ergebnis kommen. So glauben marxistische Theoretiker, daß die Technik schlechthin und die Mikroelektronik im besonderen die Möglichkeit biete, den Menschen von stumpfsinniger, repetitiver Arbeit, ja von der „Tyrannei der Arbeit" überhaupt zu befreien. Der Mikroprozessor als Instrument zur Verwirklichung der „kommunistischen Endgesellschaft", in der ja die Maxime: „Jeder nach seinen Fähigkeiten, jedem nach seinen Bedürfnissen" herrschen soll. „Es scheint denkbar, daß der Mensch der Zukunft einen großen Teil seines Lebens mit Nebenbeschäftigungen verbringen wird, die ihm Selbstverwirklichung gewähren[4]). Langfristig gesehen könnte die Mikroelektronik den Stellenwert der Arbeit im Leben des Menschen verändern bzw. die Notwendigkeit der Arbeit überhaupt reduzieren. Die Mikroelektronik als Vehikel der Veränderung des Menschen vom *homo laborans* zum *homo studiosus* hin. Allerdings, und das ist für marxistische Theoretiker der entscheidende Punkt, sei die optimale Entfaltung *der Produktivkräfte,* der technische Fortschritt schlechthin, *an die sozialistische Gesellschaftsform gebunden.*

„Deshalb fordert die sozialistische Weltanschauung die Einheit von Denken und Handeln, da die Befähigung des Menschen zu Wissenschaft und Technik und zur geistigen Erfüllung der Arbeitssphäre zugleich grundlegend für das Aufheben der kapitalistischen Klassenbildung ist, in der die Mehrheit der Bevölkerung geistig verarmt. Die von der kapitalistischen Klasse erzwungene Isolierung der Werktätigen von der Kultur macht die negative Auswirkung der Technik zu einem wirksamen Instrument der Festigung der bourgeoisen Klassenherrschaft“[5]).

Die möglichen *negativen* Aspekte der Technik kämen damit erst in der kapitalistischen Gesellschaftsordnung voll zum Tragen. Da sich im Entwurf technischer Mittel Subjektivität und Objektivität vereinen, der subjektive Entwurf in die Objektivität der gesellschaftlichen Wirklichkeit übertragen wird:

„die Objektivierung des subjektiven Entwurfs ist für die Technik nicht minder charakteristisch als für die bewußte Gestaltung gesellschaftlicher Prozesse“,

kehrt sich in der „falschen Wirklichkeit“ der kapitalistischen Gesellschaft das technische Endprodukt als Instrument der Herrschenden gegen die Bevölkerung[6]).

Wie die Technik als Entwurf und System der Produktion in das gesellschaftliche Bewußtsein eingeht, wirkt sich entsprechend der vorherrschenden Ordnung auf die ihr zugehörigen Individuen aus. Ob aber Technik als eine zentrale humanistische Äußerung der Wesenseigentümlichkeiten des Menschen aufgefaßt werden kann, liegt innerhalb des sozialen und individuellen Einflußbereichs.

Es besteht also im Verständnis der marxistischen „Technikprotagonisten“ eine Abhängigkeit von der Struktur der ideellen und materiellen Produktivkräfte sowie der etablierten Gesellschaftsordnung: „Eine reaktionäre Ordnung läßt die an sich stets humanistischen Wissenschaften von Natur und Technik antihumanistisch werden“[7]).

Jegliche Art technologischer Neuerungen wird begrüßt:

„. . . die Rationalität verwirklicht sich als Rationalisierung . . .“[8]).

Dabei wird aber „Technik“ *nicht als Selbstzweck* gesehen; sie ist im marxistischen Verständnis *Ausdruck der geistigen Selbstverwirklichung* des Menschen.

Auch die sogenannte „bürgerliche“ Technikkritik in den westlichen Demokratien wird unter ideologischen Prämissen gesehen:

„. . . so läßt sich . . . in der Epoche des Übergangs vom Kapitalismus

zum Sozialismus nicht verkennen, daß die subjektiven und objektiven Verhaltensweisen des Menschen wie die Gesamtheit seiner Existenzbedingungen nach Wesen und Bedeutung umstritten zu sein pflegen. Im besonderen gilt diese Feststellung für die Technik"[9]).
Im Sozialismus sei die ständig steigende Warenproduktion die unumgängliche Voraussetzung für das „Paradies" der kommunistischen Idealgesellschaft: „Da der Kommunismus entwickelter Gestalt dann einsetzt, wenn alle Springquellen des genossenschaftlichen Reichtums voller fließen" *(Karl Marx)*, gestattet erweiterte Arbeitsproduktivität jene allgemeine Bedürfnisbefriedigung, die möglich ist, wenn jeder nach seinen Fähigkeiten freiwillig arbeitet und der Gegensatz von körperlicher und geistiger Arbeit verschwunden ist. Jede der genannten Forderungen setzt eine weitere Entwicklung der Produktivkräfte voraus: „Jede irgendwie begründete Grenze (des technischen Fortschritts und wirtschaftlichen Wachstums – d. V.) erscheint deshalb mehr oder weniger künstlich"[10]).
Die *negativen* Erscheinungen des technischen Fortschritts gehörten zu den Sachverhalten, die eine sozialistische Gesellschaft mit Hilfe der Planung lösen könnte.
Für das sozialistische und kommunistische Bewußtsein sei kennzeichnend, daß die sich steigernde Revolutionierung der materiellen Produktion ein Stimulans der intellektuellen und physischen Aktivität darstellt. Sie sei damit unabänderlicher Bestandteil des „sozialistischen Menschenbildes"[11]).

Die thematische Kontinuität der „bürgerlichen" Technikkritik

Die sogenannte „bürgerliche" Technikkritik zeigt eine *durchgehende Tradition* von den Anfängen der Industrialisierung bis in die Jetztzeit. Seit der Frühindustrialisierung erheben sich warnende Stimmen, daß der Mensch Kräfte erschaffen könnte, die zu kontrollieren er nicht mehr in der Lage sei. Das Bündnis mit der Maschine gleiche „einem faustischen Pakt mit dem Teufel". So malte *Oswald Spengler*[12]) das düstere Gemälde einer Menschheit, die von ihren eigenen Maschinen „zu Tode geschleift" würde. Vorher schon beklagte *Friedrich Nietzsche* die kalte Rationalität naturwissenschaftlicher Forschung und technischen Fortschritts.
Sie beschränkten sich in ihrer Blickrichtung lediglich auf die Außenseite der Wirklichkeit. Es würden zwar immer mehr Naturgesetze, aber kein Gesetzgeber entdeckt; für sie sei Gott tot. Die Menschheit besitze in ihrer naturwissenschaftlichen Erkenntnis „ein schönes Mittel zum Untergang", denn diese Naturwissenschaft bejahe eine andere Welt „als die des Lebens, der Natur und der Geschichte". *Nietzsche* empfand die Trennung des naturwissenschaftlichen Zeitgeistes vom „geistigen Urgrund" als unerträgliche Heimatlosigkeit.
Von den sogenannten „kulturpessimistischen" Technikkritikern wur-

de und wird die Trennung der naturwissenschaftlichen Erkenntnis vom Wesen des Menschen, von der geistig-seelischen Seite von Welt und Mensch beklagt:
„Man weiß nichts und man will auch nichts wissen von der Tatsache, daß der Mensch aufhört, Mensch zu sein, wenn ihm die Transzendenz verlorengeht“ *(Carl Jaspers)*.
Fortschritt würde auf eine bloße Fortschreibung des Gegebenen beschränkt, der schöpferische Akt als der eigentliche Träger echten Fortschritts werde unterdrückt. So warnt heute der Naturwissenschaftler und Philosoph *Carl Friedrich von Weizsäcker* vor den Gefahren und Grenzen naturwissenschaftlicher Erkenntnis. Es gehöre zu den methodischen Grundsätzen der Naturwissenschaft, daß man gewisse Fragen nicht stellt; Fragen transzendentaler Art. Durch rein materialistisch-technizistische Denkstrukturen hätten wir den „Schlüssel zum Wesen des Menschen“ verloren.
Die alles beherrschende Technik, die Maschine wird zur Überautorität, zur Megamaschine, die alle zum Gehorsam verpflichtet, so *Oswald Spengler:* „. . . sie zwingt den Unternehmer wie den Fabrikarbeiter zum Gehorsam. Beide sind Sklaven, nicht Herren der Maschine, die ihre teuflische geheime Macht erst jetzt entfaltet“[13]).
Spengler kritisiert die Marxschen Thesen, daß die Maschine, die Technik, Instrument des sie lenkenden Menschen und je nach Gesellschaftsform „gut oder böse“ sei:
„Das berühmte Wort von dem starken Arm, der alle Räder stillstehen läßt, ist falsch gedacht. Anhalten ja, aber dazu braucht man nicht Arbeiter zu sein. In Bewegung halten – nein.
Der Organisator und Verwalter bildet den Mittelpunkt in diesem künstlichen und komplizierten Reich der Maschine. Der Gedanke hält es zusammen, nicht die Hand. Aber gerade deshalb ist eine Gestalt noch wichtiger, um diesen stets gefährdeten Bau zu erhalten . . . eine Gestalt, die man im politischen Streit zu vergessen pflegt, der Ingenieur, der wissende Priester der Maschine. Sein Denken ist als Möglichkeit, was die Maschine als Wirklichkeit ist“[14]).
Spengler würde seine Gedanken in der heutigen gesellschaftspolitischen Diskussion um die „Herrschaft der Experten“ als Folge der Neuen Technologien wiederfinden.
Friedrich Georg Jünger äußerte sich ähnlich:
„Da alles Mechanische elementare Kraft bindet, ist nichts gewisser als die Erkenntnis, daß in einem Zustande, in dem die Technik Perfektion erlangt, der Mensch über ein Höchstmaß elementarer Kräfte verfügen wird. Hiermit rühren wir an die Grenzen des technischen Fortschritts; wir erkennen die Schranken, die ihm gezogen sind. Denn nichts ist sicherer als der Schluß, daß der Mensch in dem Machtkampf, den er führt, von diesen gewaltsam gebändigten Kräften entschlossenen Gebrauch machen wird. Das Mehr an elementarer Kraft, das er durch zerstörerischen Raubbau an der Natur gewonnen hat, wendet sich damit gegen ihn selbst und bedroht ihn mit Zerstörung“[15]).

Verführung und Entmündigung

Nach *Hans Freyer* ist moderne Technik *Verführung,* begabt mit der Gewalt des Versuchers. Er sieht in der technischen Revolution eine „Evolution" des abendländischen Geistes, eine große geschichtliche Mutation, wobei der Vorstoß auf einem Teilgebiet (eben der Technik) das Ganze (der Kultur) mit sich riß. Als Sinn der Technik erschien *Freyer* nicht der Nutzen, sondern die *Macht.* Der Mensch fragt nicht mehr das Mittel, sondern das Mittel den Menschen[16]).
Diese auf einer relativ abstrakten Ebene ansetzende Technikkritik gibt ihren Gegnern immer wieder Ansatzpunkte zur *Gegenargumentation.* Sowohl von den marktwirtschaftlich orientierten Technikbefürwortern als auch von den Marxisten wird diese Art von Kritik sehr häufig als moralisierend, als romantisierend abgetan:
„Segel hissen, Mühlen betreiben, Tiere einspannen erscheint als retrospektive Beschönigung der lastenden natürlichen Isolierung des Menschen"[17]).
Marxisten werfen der „bürgerlichen" Technikkritik vor allem vor, daß sie Technik lediglich als Symbol des gegenwärtigen Zeitalters sehen würde, als Schicksal, das den Menschen gestaltet, „eine passive Anthropologie". Dem Menschen würde ideologisch ausgetrieben, daß die Technik sein Geschöpf ist und es um so mehr wird, je stärker er ihre Dimensionen ausweitet[18]).
Marktwirtschaftlich orientierte Befürworter der technischen Entwicklung führen die „bürgerlich-kulturpessimistische" Kritik häufig auf Neidkomplexe und irreale Ängste zurück[19]).
Eine andere Variante „bürgerlicher" Technikkritik wird von *Arnold Gehlen* geäußert. Für ihn sind die Eigengesetzlichkeiten einer durchindustrialisierten Wirtschaft „metahuman". Er brandmarkt vor allem die totale Vereinnahmung der Naturwissenschaften durch die technische, auf reine *Verwertung* gerichtete Forschung. Sie *entmündige* den Forscher, denn weder stellt er die Probleme noch „entschließt" er sich zur Anwendung des Erkannten. Es liege in der Logik des Experiments, daß die exakte Erkenntnis bereits die Beherrschung des Effektes mit einschließe. Der Entschluß zur Anwendung des Erkannten erübrige sich, er würde dem Forscher vom Objekt abgenommen. Der Erkenntnisvorgang ist selbst schon Moment eines gesellschaftlichen und technischen Prozesses. So wird bei *Gehlen* das Dominiert-werden der Wissenschaft in der Technik zum Vorwurf. Das Einbeziehen der Naturwissenschaften in die Forschungsindustrie gilt als ethisch disqualifiziert:
„Der Zusammenhang von Wissenschaft, technischer Anwendung und industrieller Auswertung bildet längst schon eine Superstruktur, die selbst automatisiert und ethisch völlig indifferent ist."
Gehlen empfiehlt *Askese* im Hinblick auf Wissenwollen und Konsumierenwollen[20]).

Dieses Auseinanderfallen von „ist“ und „soll“ wird von *marktwirtschaftlich* orientierten Technikbefürwortern als per se nicht existent verworfen, unter Hinweis auf den *Nutzen,* der durch die technisch-naturwissenschaftliche Forschung für die Gesellschaft entsteht. Von *Marxisten* wird diese „Entmündigung“ des Naturwissenschaftlers nur für kapitalistische Gesellschaften akzeptiert.

Die Technokratie-These

Trotz aller unterschiedlichen Ausgangspunkte und Begründungsweisen ist den sogenannten „bürgerlichen“ Technikkritikern die gleiche thematische Kontinuität eigen; eine Verselbständigung der Technik, der technischen Mittel gegenüber den Zwecken und eine Logik der Sachzwänge und als Ergebnis eine Überformung der kulturellen Lebenswelt durch die von der „Seins“-Seite abgelöste technisch-wissenschaftliche Zivilisation. Sozio-kulturelle Leitideen gingen mehr und mehr verloren mit der Folge der Zerstörung des autonom handelnden politisch-gesellschaftlichen Subjekts in der Herrschaftsform der „Technokratie“.
Vertreter der „Technokratie“-These gehen davon aus, daß politisches Handeln zunehmend durch die *Imperative der technisch-wissenschaftlichen Entwicklung* bestimmt wird. Politik reagiere lediglich noch auf vorgegebene Probleme der industriellen Zivilisation; politisches Handeln reduziere sich auf das technische Problem der sachlich richtigen Lösung. Entscheidungen würden von den Experten der technischen Entwicklung (Ingenieure, Manager, Wissenschaftler) vorbereitet und endgültig getroffen.
Auch *Helmut Schelsky*[21]) argumentiert in diese Richtung, obwohl er den Gedanken ablehnt, daß die Technik als übergeordnete Größe, als Schicksal, den Menschen beherrscht. Der Mensch habe sich freiwillig diesen Zwängen unterworfen, „die er selbst als seine Welt und sein Wesen produziert“. Aber er sieht die traditionelle Idee von der Demokratie als hinfällig; an die Stelle der politischen Normen und Gesetze treten *Sachgesetzlichkeiten,* an die Stelle eines politischen Volkswillens träten Sachgesetzlichkeiten, die der Mensch als Wissenschaft und Arbeit selbst produziere. Moderne Technik bedürfe keiner Legitimität mehr. Mit der Technik könne man herrschen, „weil sie funktioniert und solange sie optimal funktioniert“.
Die Kritik der *marxistisch* orientierten „Linken“ setzt an der unterstellten „Herrschaft der Technik“ an. Diese Behauptung von der Herrschaft der Technik sei eine reine Schutzbehauptung für die wirklich Herrschenden, „damit diese nicht entdeckt werden“[22]). Die bürgerlichen Kritiker seien in Wahrheit Ideologen, die die wahren Herrschaftsverhältnisse der bürgerlich-kapitalistischen Produktionsweise verschleierten. Technik sei eben nur ein Mittel in der Hand des Menschen, einsetzbar für beliebige Ziele. Es sei nirgends eine „autono-

me" technische Entwicklungslogik festzustellen, sie folge ausschließlich – in kapitalistischen Staaten – den gewinnorientierten Entscheidungen der Großunternehmen und daran anschließend den staatlichen Prioritäten in der Forschungs- und Technologiepolitik[23]).

Die Kritik der „Neuen Linken" steht der „bürgerlichen" Technikkritik durchaus nahe

Aber auch Gesellschaftskritiker, die der „Neuen Linken" der „Frankfurter Schule" zuzurechnen sind und sicherlich nicht im Verdacht stehen, Herrschaftsverhältnisse verschleiern zu wollen, vertreten die These von der Herrschaft des technischen Apparats, von einer Verselbständigung technischer Rationalität. So sah *Max Horkheimer* in seiner „Kritik der instrumentellen Vernunft"[24]) in der „Entfesselung technischer Rationalität die geschlossenste aller Formen der Herrschaft von Menschen über Menschen", und zwar in Ost und West gleichermaßen. Im gleichen Maße würde die Gewalt der Gesellschaft gegenüber der Natur auf nie geahnte Höhen getrieben.

Jürgen Habermas[25]) vertrat die These, daß *naturwissenschaftlich-technische Rationalität* in fortgeschrittenen Industriegesellschaften immer mehr die Funktion einer *herrschaftslegitimierenden Ideologie* übernimmt, die alle Lebensbereiche durchdringt, ein zweckrationales Denken und Handeln, das sich immer ausschließlicher an Gesichtspunkten wie Effizienz, Preis, Leistung und technischem Sachzwang orientiert. Dieses Bewußtsein sei deshalb so schwer zu erschüttern, weil Wissenschaft und Technik heute zur unentbehrlichen ersten Produktivkraft geworden seien.

Auch *Herbert Marcuse* äußerte schon in den sechziger Jahren die Vermutung, daß technische Vernunft vielleicht selbst schon Ideologie sei: „Wissenschaftlich-technische Rationalität und Manipulationen werden zu neuen Formen sozialer Kontrolle zusammengeschweißt"[26]).

Marcuse stellt die Frage, ob diese Folgen lediglich Resultat einer interessengebundenen gesellschaftlichen Anwendung von Technik sind, und kommt zum Ergebnis, daß nicht erst ihre Verwendung, sondern schon die Technik für sich Herrschaft über die Natur und den Menschen ist. Auch der „reinen" Wissenschaft von der Natur – ohne praktische Zweckorientierung – wohnte und wohne schon ein *instrumenteller Charakter* von der Methode her inne. Ihr sei vorgegeben, die Natur als Mittel, als Stoff zu betrachten. Die Instrumentalisierung der Natur, ihre Beherrschung wurde dann *auch auf den Menschen ausgedehnt,* führte zur Herrschaft des Menschen über den Menschen vermittels der Naturbeherrschung. Diese Entwicklung ging ständig weiter und führte dazu, daß sich heute Herrschaft nicht nur vermittels der Technologie, sondern als Technokratie darstellt und ständig erweitert:

„Nicht erst ihre Verwendung, sondern die Technik ist selber schon Herrschaft über die Natur und den Menschen. Technik wird also nicht erst nachträglich zu Herrschaftszwecken instrumentalisiert, nutzbar gemacht, sondern Herrschaftszwecke und Interessen sind schon in der Konstruktion des technischen Apparates selbst enthalten"[27]).
Marcuses Thesen blieben denn auch von seiten „linker" Kritiker nicht unwidersprochen, ja, *Marcuse* wurde sogar in eine Reihe mit „bürgerlichen" Technikkritikern gestellt. Andere wiederum stimmen ihm zu, so *Otto Ulrich,* der meint, daß Technik und Naturwissenschaft „einen Herrschaftsverband der materiellen Produktion" schon per se ermöglichen und vorbereiten, „noch ehe die spezifische Logik des Kapitals eine prägende Rolle spielt"[28]). Die Naturwissenschaft sei ebenso wie das Kapital ein „bürgerliches Produkt", und diese bürgerliche Prägung der Naturwissenschaft würde sie zu einem „Herrschaftsmedium über Natur und Menschen" machen, „ohne vom Kapital erst gezwungen werden zu müssen". Diese immanente Herrschaftslogik würde dann durch die Kapitalinteressen noch kanalisiert. Eine Veränderung der Makrostruktur des Kapitalismus, also zum Beispiel die Aufhebung der privaten Verfügung über Produktionsmittel, sei zwar eine notwendige, aber nicht hinreichende Bedingung der Veränderung der typischen Herrschaftsstrukturen in Produktionsbetrieben und der Veränderung technischer Fragestellungen.
Die Herauslösung der technischen Entwicklung aus der unmittelbaren Kontrolle des gesellschaftlichen Institutionensystems sei so weit gesteigert worden, daß die ökonomische Effizienz, die technologische Effektivität und die wissenschaftliche Rationalität selbst zu den dominanten Wertorientierungen für die Gestaltung der gesellschaftlichen Verhältnisse geworden sind. Sie sind nicht mehr nur auf das ökonomische System der Produktion beschränkt, sondern drängen den restlichen gesellschaftlichen Handlungsbereichen immer mehr ihre Logik der Rationalisierung auf. Es entsteht um so mehr der *Eindruck eines subjektlosen Prozesses einer übermächtig werdenden Technik,* je weniger eine gesellschaftlich homogene Gruppe, wie eine Klasse, oder zumindest ein einzelnes Prinzip, wie das der ökonomischen Konkurrenz, den Gang der technischen Entwicklung prägt. Die zunehmende Zahl von Beispielen auch ökonomischer Rationalität widersprechender technischer Großprojekte würden diesen Eindruck verstärken[29]).
Bei aller Logik der Selbstentwicklung dieses sozio-technischen Systems dürfe aber auch nicht übersehen werden, daß dieses System von Menschen zu einem bestimmten Zweck konstruiert, von anderen Menschen hergestellt und von wieder anderen Menschen durch politische Entscheidungen in Gang gesetzt, in Gang gehalten und schließlich von einer ganz anderen Gruppe von Menschen in seinen Auswirkungen erlitten wird[30]).

Wie beeinflussen die Neuen Technologien bestehende Wertsysteme?

Die alte Frage, ob nun bestehende gesellschaftliche Werte besondere Formen von Technologie hervorbringen, zumindest aber begünstigen oder ob umgekehrt bestimmte Technologien (neue) Wertsysteme hervorbringen oder fördern, ist eine schon häufig diskutierte Frage, die jedoch kaum eindeutig beantwortet werden kann. Wahrscheinlich ist, daß sich beide Faktoren *gegenseitig* beeinflussen und bestimmte Reaktionen hervorrufen. Auffällig ist aber, daß heute die meisten Analysen dazu tendieren – ohne den Einfluß bestehender Wertsysteme auf die Technik ganz zu ignorieren, vor allem den Einfluß der Neuen Technologien auf bestehende Wertsysteme zu beschreiben. Die Position, daß bestehende „abendländische" Wertsysteme und -orientierungen erst die bisher hervorgebrachten Formen der Technologie ermöglichten, scheint aber nichtsdestotrotz haltbar. *Max Weber* hat diesen Prozeß – für den ökonomischen Bereich – in seinem Werk „Die protestantische Ethik und der Geist des Kapitalismus" beschrieben. Die in Gang gesetzte Dynamik der technisch-naturwissenschaftlichen Entwicklung veränderte dann die gesellschaftlichen Werthaltungen in einer nie dagewesenen Schnelligkeit. Es entwickelte sich in der Tendenz ein neues, in sich geschlossenes Wertsystem, der viel beschriebene „technische Rationalismus", der entweder in der Utopie des von der Plage der Arbeit befreiten Menschen oder in der Horrorvision des von der Maschine geknechteten und manipulierten Menschen der Zukunft endet. Wahrscheinlich ist, daß beide Extreme nicht eintreten werden, sondern die Entwicklung irgendwo dazwischen liegen wird. Es stellt sich aber auch die Frage, ob die Entwicklung dann ihr Ende findet, wenn der Computer die Funktion des Denkens übernommen hat oder ob noch weitere Varianten denkbar sind, neue Wertsysteme, deren Logik dann schon nicht mehr vom Menschen, sondern vom Computer bestimmt wird.
Sicher ist, daß die hauptsächlichen technischen Erfindungen der vergangenen Jahrzehnte beziehungsweise der letzten hundert Jahre tiefgreifende Auswirkungen auf unsere gesellschaftlichen Institutionen und Werte gehabt haben. Dieser Prozeß der „Mechanisierung" aller Lebensbereiche lief für viele *unbemerkt* ab.
Herrscht in den westlichen Industrieländern eine Art „technologischer Determinismus" vor, wie er von manchen Autoren vermutet wird? *Robert Heilbroner* setzt den Beginn dieses „technologischen Determinismus" etwa ab 1700 an:
„Von da an sind die Kräfte des technischen Fortschritts freigesetzt worden, doch die Einrichtungen für die Kontrolle und Lenkung der Technologie sind immer noch rudimentär"[31]).
Zunehmender gesellschaftlicher Druck würde allerdings eine – notwendige – verstärkte gesellschaftliche Kontrolle des technischen Fortschritts erforderlich machen.

Der technische Wandel hat sicherlich bewirkt, daß in den Industrieländern mehr und mehr *gesellschaftliche Planung* notwendig wurde. Man denke nur an die als Folge der negativen Auswirkungen der Industrialisierung im 19. Jahrhundert notwendig gewordenen *wohlfahrts- und sozialstaatlichen Vorkehrungen und Absicherungen.* Diese Entwicklung hat sich bis heute fortgesetzt, und es ist sehr wahrscheinlich, daß staatliche Steuerungsmechanismen in verstärktem Maße den möglichen negativen Auswirkungen der „Dritten industriellen Revolution" begegnen müssen. Eine anhaltende und zunehmende Massenarbeitslosigkeit und Verarmung breiter Bevölkerungsschichten würde ernsthafte und gefährliche Legitimationsprobleme für die westlichen Demokratien mit sich bringen, die das politische System radikal in Frage stellen würden.

Gleichzeitig mit der politisch-ökonomischen „Forcierung" der Neuen Technologien läuft aber ein Prozeß ab, der der Denkrichtung „der technischen Rationalität" *total zuwiderläuft:* die Abkehr von „der christlich geprägten materialistischen quantitativen Wertauffassung zugunsten eines ganzheitlichen, daß heißt eines ökologisch geprägten Weltbildes"[32]). Eine *neue Lebensweise* scheint sich anzubahnen, deren Protagonisten die bisher nicht gleichberechtigten Belange von Natur, Mensch und Gesellschaft im Modell einer „wahrhaft humanen, mit der Umwelt in Frieden lebenden Kultur und Zivilisation" verwirklichen wollen. Der Realisierung dieses „Traums" stehen bis jetzt aber schier unüberwindlich erscheinende Hindernisse politisch-ökonomischer Art gegenüber. Es stellt sich nun die Frage, ob die beiden Werthaltungen sich versöhnen oder gar eine fruchtbare Verbindung eingehen könnten. *Otto Ulrich* sieht keine Möglichkeit der „Verzahnung" dieser „einander unversöhnlich gegenüberstehenden Werthaltungen, die mit völlig verschiedenen Denkkategorien und Bezugssystemen für die Erreichung individueller und gesellschaftlicher Ziele operieren"[33]). Ganz gleich welche der beiden Werthaltungen nun letztendlich siegen wird, es kann schon heute nicht mehr von einer automatisch funktionierenden „Akzeptanz" jeglichen technologischen Fortschritts ausgegangen werden, dies auch nicht in Bevölkerungsgruppen, die der Technik eher positiv gegenüberstehen.

Kritiker des bisherigen technischen Fortschritts sehen mit der Weiterentwicklung der Neuen Technologien gravierende Probleme unter anderem in Form massiver Arbeitsplatzverluste in nie vorher gekanntem Ausmaß auf die industriellen Gesellschaften des Westens zukommen. „Die Radikalität und Konsequenz, mit der die Informatisierung einen totalen Rationalisierungs- und Zentralisierungsprozeß auslöst, macht immer betroffener"[34]). Rationalisierungsbemühungen seien der Logik industrieller Gesellschaften immanent, und die Telematik böte das nötige Instrumentarium zur Verstärkung dieses Prozesses.

„Was da wirkt, ist nicht die abstrakte Vernunft der Aufklärung im Sinne der Befreiung des Menschen, es ist das übersteigerte Walten einer Zweck-Mittel-Logik, die tendenziell alle Lebensäußerungen dem Gesichtspunkt quantitativer Effektivität unterwirft"[35]).

„Computopia"?

Im Gegensatz dazu stehen die Meinungen, die in der Neuen Technologie eine Möglichkeit sehen, die anstehenden Probleme der industriellen Gesellschaften – und nicht nur dieser – durch eine von der Mikroelektronik ermöglichte „Superindustrialisierung" zu meistern[36]). „Computopia" ist das Stichwort. Der Mensch würde von einfachen Arbeiten immer mehr befreit, und die Mitglieder dieser Zukunftsgesellschaft hätten in weit größerem Umfange als heute die Möglichkeit einer breiten Teilhabe am gesellschaftlich bedeutsamen Wissen. Der Weg in eine „Informationsdemokratie", in der alle gleichberechtigt an interessierende Informationen herankommen, würde menschliche Denkressourcen freimachen zur Pflege und zum Wiedererlernen humanistischer Tugenden[37]).

Der technische Fortschritt in optimaler Ausformung durch die Neuen Technologien böte eine zusätzliche Möglichkeit der weiteren „Daseinsstabilisierung" und „Entlastung" des Menschen als prinzipiell instinktreduziertem Wesen. Der Erhaltungstrieb des Menschen in einer auf ihn einwirkenden, ihm häufig widerstrebenden Umwelt hätte zu einer immer mehr verfeinerten „Objektivierung des menschlichen Handlungskreises von außen nach innen" geführt, so daß schließlich mit Hilfe des Automaten „auch geistige Prozesse durchgeführt werden können":

„... die Entwicklung der Automatisierung führt den Menschen auf seine ureigene Funktion, schöpferisch, kreativ tätig zu sein, zurück. Folglich stellt die technische Entwicklung keinen Widerspruch zum humanistisch-emanzipatorischen Menschenbild dar"[38]).

Die Autoren des Berichts an den *Club of Rome*[39]) vertreten die Auffassung, daß die Mikroelektronik auf eine revolutionäre Art die meisten der traditionellen Tätigkeiten in Landwirtschaft, Industrie und Dienstleistungen total verändern wird. Sie werde auch durch die Einbeziehung von Gehirn und Gedächtnis zusätzlich zur physischen Kraft Wesen und Richtung der gesamtgesellschaftlichen Entwicklung verändern. Wichtig sei allerdings eine sorgfältige gesellschaftliche Planung der Neuen Technologien und ihrer Anwendung, da sonst erhebliche Gefahren drohten:

„... eine weitere massive Entwicklung der Technik, insbesondere der Mikroelektronik, könnte diese Probleme ... noch verschärfen und den Zusammenbruch der Gesellschaften beschleunigen."

Es sei also dringend erforderlich, die Entwicklung positiv zu lenken und sie als Instrument zur Schaffung neuer Gesellschaftsformen einzusetzen.

Im Gegensatz zum *Club of Rome* vertreten viele „Technikprotagonisten" (vor allem Naturwissenschaftler) die Auffassung, daß der Lauf und die Kontrolle der technischen Entwicklung dem „verantwortungsbewußten" Experten überlassen bleiben sollte. Diese Autoren müssen sich die Frage gefallen lassen, woher sie die selbstverständliche Annahme beziehen, daß jeder mit der technologischen Entwicklung befaßte Experte bereit und in der Lage ist, gesamtgesellschaftliche Verantwortung für die Produkte seiner Arbeit zu übernehmen und sein Verhalten zu rechtfertigen. Die Entwicklungen in vielen Bereichen, unter anderem in der Militärtechnik, sprechen gegen diese Annahme und für die Vermutung, daß technisch-naturwissenschaftliche Forschung häufig auch als „Selbstzweck" betrieben wird, wenn die nötigen Mittel vorhanden sind.

Wieder andere – ebenfalls häufig Naturwissenschaftler – möchten der Gefahr einer durch die totale Technisierung aller Lebensbereiche möglichen Herrschaft der Technokraten mit einer neuen „Verantwortlichkeit", einer neuen „Ethik der Wissenden" begegnen. In diesem Sinne solle eine „Optimierung" der Naturwissenschaften in ihrer gesellschaftlichen Verantwortung erfolgen[40]). Ohne Naturwissenschaftlern diese „gesamtgesellschaftliche Verantwortlichkeit" a priori absprechen zu wollen, so ähneln diese moralischen Appelle doch sehr reinen Wunschvorstellungen, die sozio-ökonomische Sachzwänge ignorieren.

Demgegenüber steht die Meinung der Kritiker des derzeitigen technischen Fortschritts, daß die Entstehung einer „wahrhaft humanistischen Ethik", die sich auch im traditionellen Sinne anders als lediglich ökonomisch legitimieren muß, durch das weiterhin von politisch-ökonomischer Seite nicht weiter hinterfragte Grundprinzip gesellschaftlicher Entwicklung in Form technischer und wirtschaftlicher Effizienz, verhindert würde. Erleichterungen, Veränderungen, Anpassungen an außerökonomische Prinzipien seien zwar möglich, aber eben nur im Rahmen des technologischen und wirtschaftlichen Spielraums und zudem von der Verteilung gesellschaftlicher Macht abhängig[41]).

Ein neuer Analphabetismus?

Die Kritiker der zunehmenden Informatisierung aller Lebensbereiche sehen für das soziale System – neben den angenommenen Arbeitsplatzverlusten – erhebliche Gefahren heraufziehen. So wird eine weitere *Beeinträchtigung der Qualität des Arbeitslebens* prognostiziert, insbesondere für Arbeitnehmer auf den unteren Stufen der betrieblichen Hierarchie. Auch die innerbetrieblichen Machtkonzentrationen würden erheblich zunehmen, bei gleichzeitiger Aushöhlung der gesetzlichen Mitbestimmungsrechte. Entscheidungen würden wieder auf die oberen Hierarchieebenen konzentriert – gleichzeitig würden die Herrschaftsbeziehungen undurchsichtiger und dadurch stabilisiert. Gewählte Arbeitnehmervertreter könnten ihre Mitwirkungs- und Mitbestimmungsrechte aus Mangel an Information weniger effektiv wahrnehmen, während sich der Informationsstand des Managements verbesserte[42]).

Technischer und organisatorischer Wandel hat seit jeher zur Veränderung von Berufsfeldern und zum Berufswechsel geführt. Die daraus resultierenden Anforderungen an Flexibilität und Bildung sind für den Einzelnen jedoch solange nur wenig spürbar gewesen, als sich die Veränderungen innerhalb *Generationen* vollzogen haben. Das qualitativ Neue an der jetzigen Entwicklung ist die sich *beschleunigende Dynamik* der Einführung und Anwendung der Neuen Technologien, die zu einem derart schnellen technisch-organisatorischem Wandel führt, daß im Laufe *eines* Arbeitslebens mehrere weitreichende berufliche Umstellungen denkbar geworden sind. Dieser Wandel wird, sollte er sich nur an den Kriterien der Rationalisierung und ökonomischen Effizienz orientieren, die *Anpassungsleistung des Individuums überfordern*. Wohin nun genau der Weg der Anwendung der Neuen Technologien im sozioökonomischen Bereich führen wird, ist anhand der bisher vorliegenden – je nach Ausgangslage – sehr widersprüchlichen Ergebnisse nur sehr schwer vorauszusagen. Die Thesen reichen von der „Dequalifizierung“ der breiten Masse und der daraus resultierenden „Expertenherrschaft“ bis zur allgemeinen „Höherqualifizierung“.

Eines ist sicher, die Neuen Technologien stellen eine Herausforderung für alle Arbeitnehmer dar, gleich welcher Qualifikationsstufe. Die Formel vom „lebenslangen Lernen“ kann Wirklichkeit werden. Offensichtlich ist auch die Gefahr einer Polarisierung der Bevölkerung in diejenigen, die mit der neuen Technik umgehen können, und in diejenigen, die dies nicht können. Es könnte eine neue Form des „Analphabetentums“ entstehen, die „Computeranalphabeten“. Da der Computer immer mehr Funktionen in allen gesellschaftlichen Bereichen übernimmt, nicht nur im ökonomischen Bereich, könnte das „Nichtumgehenkönnen“ mit dem Computer eines Tages die gleichen funktionalen Defizite bewirken wie der „klassische“ Analphabetismus in Form des Nichtschreiben- und Nichtlesenkönnens.

Man kann auch von der Annahme ausgehen, daß die Informatisierung den Trend zur *Bürokratisierung* weiter verstärken wird; vorhandene Rationalisierungs- und Zentralisierungstendenzen werden wahrscheinlich verstärkt. Die formalisierte Informationsverarbeitungskapazität nützt vor allem der Bürokratie.

Aber das Vordringen formaler Elemente in alle Bereiche gesellschaftlichen Lebens muß auch in Zusammenhang mit der *Privatsphäre* des einzelnen Bürgers gesehen werden:

„. . . eindeutig verstärkt die Telematik den Prozeß der Entfremdung, indem sie sich mit ihren Maschinen in die zwischenmenschlichen Beziehungen hineinschiebt, im Verhältnis Mensch–Maschine den Stellenwert der Maschine über den des Menschen stellt und so dem Vordringen einer Computerkultur Vorschub leistet“[43]).

Welche Auswirkungen werden die Neuen Technologien auf das politische System haben?

Gesellschaftlicher Wandel infolge technologischer Neuerungen verändert immer auch die Lebensverhältnisse einzelner Menschen und, wenn er – wie im Falle der Neuen Technologien – den gesamten Bereich von Produktion und Reproduktion erfaßt, auch die Lebensumstände ganzer Bevölkerungsgruppen. Daß diese Veränderungen – zusammen mit dem Entstehen post-materialistischer Werthaltungen – Auswirkungen auf das politische System haben werden: diese Vermutung liegt nahe.

Die *möglichen* politischen Auswirkungen der Informationstechnologie können in zwei Bereichen gesehen werden:

- den Gebrauch der Informationstechnologie für den Bereich der *politischen Entscheidungsfindung*
- die Möglichkeiten im Bereich der *politischen Teilnahme*

Durch die Anwendung der Informationstechnologie wird nun das politische System in doppelter Weise beeinflußt:

- Die durch die Neuen Technologien verursachten Veränderungen im ökonomischen und sozialen System verlangen unter legitimatorischen und systemstabilisierenden Gesichtspunkten nach staatlichen Eingriffen. Der *staatliche Aufgabenbereich* wird so beträchtlich *erweitert.*
- Das politisch-administrative System macht selbst mehr und mehr Gebrauch von den Möglichkeiten der Informationstechnologie. Es wird also auch *von innen heraus verändert.*

Mehr politische Teilnahme für alle?

Hinsichtlich der Möglichkeiten im Bereich der politischen Teilnahme in der Demokratie reicht das Meinungsspektrum von der Vision einer „totalen“ Partizipation des Bürgers am politischen Prozeß via neuer Informationstechnik bis zur These von der völligen Entmündigung als bloßes Akklamationsorgan bereits im Vorfeld getroffener Entscheidungen.

Kann die „Informatisierung“ mehr Partizipation des Bürgers am politischen Willensbildungsprozeß bringen? Diese Frage wird seit einiger Zeit sehr *kontrovers* diskutiert.

Die *Skeptiker* gegenüber der Meinung von einer „technologiebedingten Partizipationsausweitung“ gehen von der Vermutung aus, daß der einzelne Bürger durch die zunehmende Informationsüberflutung beziehungsweise durch die Unfähigkeit, den immer komplexer werdenden technischen Apparat zu durchschauen, zunehmend vom politischen Prozeß abgekoppelt wird. Die eigentliche Entscheidungsfindung würde mehr denn je „hinter verschlossenen Türen“ in einer Kooperation von *Politikern und Experten* vonstatten gehen.

Die Gegenposition meint, daß die Informationstechnologie helfen könnte, Probleme der repräsentativen Demokratie – Nichteinhaltung des Repräsentativanspruchs und daraus resultierende Parteienverdrossenheit und politische Resignation – zu lösen. Das bisherige – veraltete – Kommunikationssystem könne die neuartigen Forderungen der Bürger nach mehr und vor allem effektiverer Partizipation nicht zufriedenstellend bewältigen[44]). So erfordere die stärkere Bürgerbeteiligung, zum Beispiel über Volksbegehren, Bürgerforen usw., die Artikulation, Berücksichtigung, Filterung und Umsetzung dieser Interessen in politische Programme und Entscheidungen, eine erhebliche Intensivierung politischer Kommunikation. Übergeordnete gesellschaftliche Ziele wie die Verstärkung von Solidarität, Teilnahme und Engagement seien ohne die notwendigen technologischen Voraussetzungen nicht erreichbar. Das *Zeit-Raum-Problem,* die Rolle des Zeithorizonts bei politischen Entscheidungen, sei nur mit Hilfe der neuen Kommunikationstechniken effektiv zu lösen. Sie würden zumindest die technischen Möglichkeiten dazu bieten; die entsprechende Nutzung müßte allerdings sichergestellt werden. Der pluralistische Willensbildungsprozeß erhielte eine neue Qualität:

„Werden Interessen zunächst (technisch) gleichberechtigt verzeichnet, ergibt sich auch die Möglichkeit, sie leichter als grundsätzlich möglich anzuerkennen. Subjektivität bedarf auf einem bestimmten technischen Niveau nicht mehr des Filters der Massenmedien, um sich am öffentlichen Gespräch beteiligen zu können“[45]).

Die *Konfliktlösung* würde in einer ersten Phase die Möglichkeit erhalten, wirkliche Konflikte aufzuzeigen. In einer zweiten Phase können die Bürger die Konfliktaustragung als politischen Prozeß verfolgen. In der dritten Phase des politischen Entscheidungsprozesses würden bisher nicht verfügbare Steuerungsinstrumente an die Hand gegeben: Simulation der möglichen Bewältigung, gleichzeitige Einschaltung von betroffenen Gruppen, Argumentationsbewertungen, umfassender Wissenszugriff „werden eine echte Auseinandersetzung möglich machen“[46]).

Diese Konzeption der „totalen“ politischen Partizipation via Informationstechnik bedenkt nicht, ganz abgesehen von demokratietheoretischen Einwänden hinsichtlich des Repräsentationsprinzips, daß ein derartiger Beteiligungsprozeß lediglich eine Art „Scheindemokratisierung“ bewirken und einer weiteren „Verschleierung“ der politischen Entscheidungsfindung ein „legitimatorisches Mäntelchen“ umhängen könnte. Letztendlich wäre eine bloße Verlagerung des politischen (Schein-)Prozesses auf eine technische „Spielwiese“ denkbar und damit eine endgültige Trennung von „demokratischem" Prozeß und politischer Entscheidungsfindung. Die Ankoppelung, die technische Einbindung des Bürgers „in die tatsächlich ablaufende Diskussion" mittels Telekonferenz würde eine völlige Überforderung der politischen Repräsentanten bedeuten und mit hoher Wahrscheinlichkeit in ein politisches „Wetten daß", ein Telespiel im kommunikativen Schlaraffenland „Computopia" ausarten. Eine weitere Bühne der Selbstdarstellung und der Eitelkeiten wäre damit geschaffen.

Mehr Unabhängigkeit für den Abgeordneten?

Sicher ist, daß die neuen Informationstechniken der Erleichterung der politischen Planung und Entscheidungsfindung dienen könnten, denn noch nie zuvor war eine so exakte, auf Daten gestützte Projektion und Simulation politischer Zielfindungsprozesse möglich (unter anderem durch Computersimulationsmodelle). Hierin liegen Möglichkeiten einer wirklich zukunftsorientierten, gemeinwohlbezogenen Politik. Auch eine Stärkung des Repräsentationsprinzips sowie des pluralistischen Willensbildungsprozesses sind möglich. Gesellschaftlich relevante Daten könnten zum Beispiel auf breiter Basis dem einzelnen Abgeordneten zur Verfügung stehen und ihn damit von der interessengefärbten Informationsvermittlung durch Verbände unabhängiger machen. Eine schnellere Einarbeitung in komplexe Zusammenhänge wäre möglich. Damit wäre ein wesentliches Postulat unserer demokratischen politischen Ordnung, nämlich die Unabhängigkeit des gewählten Volksvertreters von spezifischen gesellschaftlichen Interessen, nähergerückt. Die viel beklagte, durch Informationsvorsprung bedingte „Übermacht" der Interessenverbände sowie der Verwaltung könnte abgebaut und der pluralistische Willensbildungsprozeß klarer strukturiert und stärker am „Gemeinwohl" orientiert werden.

Dennoch muß man sich darüber klar sein, daß auch im Zeitalter der möglichen „Optimierung" der Informationsbeschaffung und -aufbereitung politische Repräsentanten nicht schon deshalb ihre Interessenbezogenheit „ablegen" werden. Wahrscheinlicher ist, daß auch weiterhin eine interessengebundene selektive Auswahl unter (mehr) Daten stattfinden wird. Dies kann dann, je nach Wertgebundenheit des jeweiligen politisch Verantwortlichen, zu einer Untermauerung gemeinwohlorientierter Politik (zum Beispiel Umwelt) mittels überzeugenden Datenmaterials, aber auch zum Gegenteil führen, indem rein partikulare, nicht unbedingt gemeinwohlorientierte Interessen, öffentlichkeitswirksam „datengestützt", durchgesetzt werden sollen.

Aber auch Gefahren für den demokratischen Staat

Die Informationstechnologie bietet dem politisch-administrativen System ein bisher *nie gekanntes Maß an Informationsspeicherungs- und Informationsverarbeitungskapazität,* mit der die Effizienz des politischen Entscheidungsprozesses gesteigert werden kann. Immer mehr Daten können gespeichert und über Netze mühelos und kostengünstig transportiert werden. Die möglichen positiven Auswirkungen dieser Entwicklung dürfen nicht darüber hinwegtäuschen, daß dieser Prozeß auch Gefahren für das demokratische System birgt.

So kann es durchaus sein, daß die im staatlichen Bereich eingesetzten neuen Technologien nicht dazu genutzt werden, die Probleme aus anderen Systemen zu lösen, sondern zu einer Gefährdung der Demokratie führen. Es bestehen Befürchtungen, daß sich die „Effizienzsteigerung" des politischen Systems allgemein und die *Perfektionierung der Bürokratie* im besonderen in einer de facto *Aushöhlung politischer Partizipation* und einem *Ausbau staatlicher Überwachung* niederschlagen könnten.

Das Ergebnis könnte eine zunehmende politische Entfremdung – einhergehend mit der Entfremdung im sozio-ökonomischen Bereich – des Bürgers sein, der das ganze System gesetzlicher Begünstigungen und Benachteiligungen nicht mehr versteht. Eine weitere Folge könnte, bedingt durch die zwangsläufige datenmäßige Erfassung des Bürgers, eine zunehmende soziale *Kontrolle des Einzelnen* sein:

„denn geholfen werden kann in diesem System nur demjenigen, der seine Hilfsbedürftigkeit durch die Preisgabe persönlicher Daten nachweist"[47]).

Wird der Mächtige noch mächtiger?

Eines der hauptsächlichsten Probleme der „Informatisierung" und „Automatisierung" der Gesellschaft scheint die *technologiebedingte Notwendigkeit des Expertentums* zu sein:

„Die Nationen werden in ihrem Wohlergehen zunehmend von immer weniger Mitgliedern einer wissenschaftlichen und technischen Elite abhängig"[48]). (Übersetzung d. V.)

So sehen manche die Gefahr, daß durch die Neuen Technologien längst überwunden geglaubte Klasseneinteilungen der Gesellschaft wiederentstehen und die soziale Ungleichheit verstärkt würde.

Diejenigen, die keinen Zugang zu den Zentren moderner Technologie haben, würden permanent benachteiligt; die moderne Technik werde somit jetzt und in Zukunft einer sozialen Klasse bzw. Elite zur ständigen Vorherrschaft über die breite Masse der „Unwissenden"

verhelfen. Die *British Society for Social Responsibility in Science* kam zu dem Schluß, „daß die technische Wissenschaft in direkter Weise dazu benützt wird, die Macht der bereits Mächtigen noch zu vergrößern und die Hoffnungen der Machtlosen zu enttäuschen"[49]). (Übersetzung d. V.) Die Bedeutung der Instrumente zur Aufrechterhaltung unserer „technologischen Gesellschaften" hat *J. K. Galbraith* ausführlich beschrieben. Wissenschaftler und Angehörige der technischen Elite werden immer enger mit den Zentren politischer Macht verknüpft, technologisches Wissen und technologische Beratung zu immer gewichtigeren Bestandteilen des politischen Prozesses[50]).
Es scheint derzeit so zu sein, daß der Zwang zur verstärkten Legitimation politischen Handelns im Stadium des Übergangs zur Informationsgesellschaft (in allen westlichen Industrieländern) beziehungsweise zur Erhaltung von Massenloyalität, via Wiederherstellung eines politisch ungefährlichen Niveaus an Beschäftigung, die politisch Verantwortlichen dazu zwingt, mehr denn je technologische Faktoren zu berücksichtigen. Die massive Förderung der neuen Technologien kann vor diesem Hintergrund gesehen werden. Der entscheidende Punkt aber ist, inwieweit sich demokratisch nicht legitimierte Machtzentren neben den demokratischen Organen etablieren und auf politische Entscheidungen maßgeblichen Einfluß nehmen können beziehungsweise inwieweit Politiker sich von sogenannten „technologischen Sachzwängen" freihalten und autonome „gemeinwohlorientierte" Entscheidungen treffen können.
Es gilt also auch für den Bereich des politischen Systems, was für den Einsatz der Neuen Technologien ganz allgemein gilt: „auf Gedeih oder Verderb." Die Weichen sollten jetzt – ehe es zu spät ist – in Richtung „Gedeih" gestellt werden, damit die Vision einer „programmierten" Gesellschaft, die sowohl sozial als auch politisch entfremdet ist, nicht Wirklichkeit wird. Dazu ist eine sorgfältige Planung des technischen Fortschritts nötig, die mehr das Wohl des Ganzen als das Wohlergehen einzelner gesellschaftlicher Gruppen im Auge hat. Theorien des *laissez-faire,* der „unsichtbaren Hand", die schon alles zum Besten lenken werde, sind hier fehl am Platz: „Die Frage wird in den Vordergrund rücken, inwieweit die Arbeitsteilung zwischen Mensch und Computer zugunsten einer Entlastung des Menschen – bis hin zur totalen Entlassung – gesellschaftspolitisch sinnvoll ist bzw. durch eine laissez-faire Politik laufen gelassen werden kann"[51]).

Anmerkungen

[1]) Otto Ulrich, Computer, Wertewandel und Demokratie, in: aus politik und zeitgeschichte, 23. 6.1984, S. 14.
[2]) ders., Informationstechnik und gesellschaftliche Zukünfte, in: aus politik und zeitgeschichte, 9/85, S. 49.
[3]) Adam Schaff, Beschäftigung kontra Arbeit, in: Auf Gedeih und Verderb – Bericht an den Club of Rome zur Mikroelektronik, Wien 1982, S. 353.
[4]) Adam Schaff, a.a.O.
[5]) Hermann Ley, Technik und Weltanschauung, Schwerte 1971, S. 77.
[6]) Ebd., S. 8.
[7]) Ebd., S. 9.
[8]) Ebd., S. 10.
[9]) Ebd., S. 12.
[10]) Ebd., S. 25.
[11]) Ebd., S. 27.
[12]) Oswald Spengler, Der Untergang des Abendlandes, München 1923, S. 620.
[13]) Ebd., S. 626.
[14]) Ebd., S. 626.
[15]) Friedrich Georg Jünger, Die Perfektion der Technik, Frankfurt/M. Gegen diese „bürgerliche" Kritik führt Karl Steinbuch folgende Argumente ins Feld: „Die Aversionen scheinen häufig respektabel und uneigennützig . . . Aber man sollte die scheinbare Uneigennützigkeit nicht unkritisch hinnehmen." Karl Steinbuch, Diese verdammte Technik–Tatsachen gegen Demagogie, Frankfurt/M. 1982, S. 51. Die Ablehnung ergibt sich für Steinbuch auch dadurch, daß man sich mit den Technikproduzenten nicht identifizieren kann. Daraus ergibt sich dann die Frage „Ist die Aversion gegen Technik nicht häufig ein Ausfluß des Neides, daß aus der Technik Macht und Fortschritt entspringen, die der Kritiker nicht selbst kontrollieren kann". Ebd., S. 51. Damit bestätigt Steinbuch – ungewollt – einen der Hauptkritikpunkte, daß aus der Technik unkontrollierte Macht entspringen kann.
[16]) Hans Freyer u.a., Technik im technischen Zeitalter, Düsseldorf 1965.
[17]) Hermann Ley, a.a.O., S. 25.
[18]) Ebd., S. 71.
[19]) Karl Steinbuch, a.a.O., S. 51.
[20]) Arnold Gehlen, Anthropologische Ansicht der Technik. In: Freyer, H., u.a. (Hrsg.), Technik im technischen Zeitalter, Düsseldorf 1965.
[21]) Helmut Schelsky, Der Mensch in der wissenschaftlichen Zivilisation, Opladen 1961.
[22]) Otto Ulrich, Herrschaft und Technik, Frankfurt/M. 1979, S. 42.
[23]) Wolfgang van den Daele, u.a., Technik und Gesellschaft, Jahrgang 1, Frankfurt/M. 1982, S. 33ff.
[24]) Max Horkheimer, Zur Kritik der instrumentellen Vernunft, Frankfurt/M. 1967.
[25]) Jürgen Habermas, Technik und Wissenschaft als Ideologie, Frankfurt/M. 1968. Legitimationsprobleme im Spätkapitalismus, Frankfurt/M. 1973.
[26]) Herbert Marcuse, Der eindimensionale Mensch, Neuwied 1967, S. 161.
[27]) Herbert Marcuse, Industrialisierung und Kapitalismus im Werke Max Webers, in: M. Weber und die Soziologie heute, Verh. d. 15. dt. Soziologentages, Tübingen 1965, S. 179.
[28]) Vgl. Ulrich, Technik und Herrschaft, a.a.O., S. 103.
[29]) Werner Rammert, Soziale Dynamik der technischen Entwicklung, Opladen 1983, S. 60.
[30]) Ebd., S. 63.
[31]) Robert Heilbronner, Do machines make history?, in: Technology and Culture, 8/67, S. 345.
[32]) Otto Ulrich, Informationstechnik und gesellschaftliche Zukunft, a.a.O., S. 41.
Vgl. auch Carl Amery, Natur als Politik, Reinbek 1976.
[33]) Ulrich, ebd.
[34]) Ebd., S. 42.
[35]) Ebd.,S. 47.
[36]) Vgl. Alwin Toffler, Die Dritte Welle Zukunftschance, München 1983.
[37]) Ulrich, Computer, Wertewandel, Demokratie, a.a.O., S. 23.

[38]) Bernd Maier, Die Mikroelektronik. Anthropologische und sozio-ökonomische Aspekte einer neuen Technologie, Köln 1981, S. 162.

[39]) C. Friedrich, Adam Schaff u. a., Auf Gedeih oder Verderb. Bericht an den Club of Rome über die Auswirkungen der Mikroelektronik, Salzburg 1982.

[40]) W. A. Luick, Homo investigans – Der soziale Wissenschaftler, Frankfurt/M. 1982.

[41]) Herbig, Jost, Das Ende der bürgerlichen Vernunft, München 1979, S. 41.

[42]) Jürgen Reese, Herbert Kubicek u. a., Gefahren der informationstechnologischen Entwicklung, Frankfurt/M. 1979, S. 49.

[43]) Ulrich, Informationstechnik . . . a. a. O., S. 46.

[44]) Gerhard Vowe, Kabeldemokratie – der Weg zur Informationskultur, in: aus politik und zeitgeschichte, 12. 11. 1983, S. 15ff.

[45]) Ebd., S. 19.

[46]) Ebd.

[47]) Werner Rammert, a. a. O., S. 60.

[48]) Robert Lapp, The New Priesthood, New York 1965, S. 2.

[49]) Science for People, No. 20/1973, London 1973.

[50]) John Kenneth Galbraith, The new industrial state, Harmondsworth 1967.

[51]) Ulrich, Computer, Wertewandel und Demokratie, a. a. O., S. 22.

Ernst Hofmeister

Mikroelektronik – und was man damit anfangen kann

Technische Entwicklungen und ihre Anwendungsmöglichkeiten

Von der „Produktionsgesellschaft“ zur „Informationsgesellschaft“?

Die Schlagworte von der „Dritten industriellen Revolution“, von der „Ablösung der Produktionsgesellschaft durch die Informationsgesellschaft“ stehen im Mittelpunkt vieler Betrachtungen. Die *erste industrielle Revolution* stellte den Menschen *Maschinen* zur Verfügung, die halfen *Kraft zu sparen:* um 1780 die Dampfmaschine und rund 100 Jahre später den Elektromotor. Die *zweite industrielle Revolution* wurde durch den Taylorismus ausgelöst, die *Zerlegung der Arbeitsabläufe* in kleine Schritte. Das Fließband, das daraus zu Beginn dieses Jahrhunderts entstand, erhöhte die Produktivität, die Kosten für Industriegüter sanken, die Löhne stiegen. Der Wohlstand für breite Schichten der Bevölkerung in den Industrieländern wuchs.
Die Verarbeitung von Materie, von Eisen, Kupfer, Kunststoffen und all den anderen Werkstoffen, sowie die Bereitstellung der dazu notwendigen Energie standen im Mittelpunkt der „Produktionsgesellschaft“. Mit der Mikroelektronik rückt nun die *Verarbeitung von Information* als einem neuen „Produkt“ in den Vordergrund. Der Mensch arbeitet in weiten Tätigkeitsbereichen mit dem Rohstoff „Geist“ anstelle von materiellen Werkstoffen: in der Datenverarbeitung, der Telekommunikation, der Automatisierung. Der Mensch hat planende, steuernde und überwachende Funktionen in der Produktion übernommen.
Auslöser dieser dritten industriellen Revolution sind die Bausteine der Mikroelektronik und die Entwicklung der Computertechnik. Beide Entwicklungsrichtungen, die der Hardware und der Software, führten zu der Möglichkeit, Informationen mit kaum vorstellbarer Geschwindigkeit und mit ständig sinkenden Kosten zu verarbeiten.
Was ist nun das Geheimnis der Mikroelektronik, des vieldiskutierten „Chip“?

Das Geheimnis der Mikroelektronik

Von *Elektronik* spricht man seit Anfang dieses Jahrhunderts. Man bezeichnete damit die *Technik der Schwachstromschaltungen,* die aus Widerständen, Kondensatoren, Spulen, Elektronenröhren und später *Transistoren* zusammengelötet waren. Farbige Drahtstränge verbanden in den Geräten die einzelnen Bauelemente. Um 1950 traten an die Stelle der *Kabelbäume* die *Leiterplatten* mit gedruckten Schaltungen.

Von *Mikroelektronik* spricht man erst seit Anfang der sechziger Jahre, seit es gelungen ist, die einzelnen Bauelemente einer Schaltung – Transistoren, Dioden, Widerstände und Kondensatoren – mitsamt ihren Verbindungen *mikroskopisch klein* in einem einzigen, wenige Quadratmillimeter großen *Siliziumkristall* einzubauen. Alle Bauelemente und ihre Verbindungen werden dabei in den verschiedenen Arbeitsgängen gleichzeitig hergestellt. Silizium ist ein Halbleiter-Element, und auf Halbleitereigenschaften ist die ganze Mikroelektronik aufgebaut.

Welche Eigenschaften besitzt ein *Halbleiter*? Man unterscheidet bei Stoffen elektrische Leiter, Halbleiter und Nichtleiter. Leiter – wie die Metalle – besitzen freie Elektronen, die den Stromtransport übernehmen. Nichtleiter – wie das Porzellan – haben keine freibeweglichen Elektronen. In ihnen kann deshalb kein Strom fließen.

Halbleiter sind Stoffe, die sich bei tiefen Temperaturen und im reinen Zustand wie Nichtleiter verhalten. Eine Leitfähigkeit des Halbleiters läßt sich aber durch geringfügige „Verunreinigungen" mit Fremdatomen erzielen. Baut man zum Beispiel Phosphoratome in den Siliziumkristall ein, so entstehen dadurch frei bewegliche Elektronen. Sie machen den Kristall leitend. Da die Elektronen negativ geladen sind, bezeichnet man dieses Silizium als einen n-Leiter. Gibt man statt Phosphor Boratome in den Kristall, so entstehen im Kristall Fehlstellen von Elektronen, sogenannte Elektronenlöcher oder kurz: Löcher, die sich wie positiv geladene, frei bewegliche Ladungsträger verhalten. Sie machen das Silizium p-leitend. Diese Leitfähigkeitsänderungen hängen mit der unterschiedlichen Zahl der Elektronen in der äußeren Elektronenhülle der Phosphor- bzw. Boratome zusammen.

Grenzen eine n- und eine p-leitende Kristallzone aneinander, entsteht ein *Gleichrichtereffekt:* der Strom kann nur in einer Richtung über die Grenze hinwegfließen. Sind n- und p-leitende Zonen in bestimmter Struktur im Siliziumkristall angeordnet, entsteht ein *Transistor.* Er kann als Verstärker oder als Schalter wirken. Es lassen sich – wie früher bei der Elektronenröhre – mit kleinen Strom- oder Spannungssignalen größere Ströme steuern oder schalten.

Eine Transistorart wird *MOS-Transistor* genannt nach der Schichtenfolge **M**etall – **O**xid – **S**ilizium. Der MOS-Transistor hat – wie ein

Schalter – zwei Zustände: entweder es fließt kein Strom durch den Transistor (geöffneter Schalter), oder es fließt ein Strom durch den Transistor (geschlossener Schalter). Durch eine von außen zugeführte Spannung von wenigen Volt kann man den Transistor von einem Zustand in den anderen überführen *(Abbildung 1)*.

Die Funktionsweise eines Computers

Mit Schaltelementen, die zwei Zustände besitzen, lassen sich Speicher-Schaltungen und Logik-Schaltungen aufbauen, die Grundschaltungen jedes Computers. Die ersten Computer realisierten diese Schaltungen mit Relais, die nächste Generation mit Elektronenröhren, dann lösten Transistoren die Röhren ab, und nun, im Zeitalter der Mikroelektronik, sind viele Tausende von Transistoren in einer einzigen Integrierten Schaltung vereinigt.
Der Computer arbeitet beim Rechnen mit *Binärzahlen*. Er kennt nur die beiden Zahlen 0 und 1. Alle Zahlen unseres Dezimalsystems müssen deshalb in binäre Zahlen verwandelt werden, ehe der Computer seine Arbeit beginnen kann. Diese „Codierung" macht der Computer selbst. Wir drücken zum Beispiel auf die Taste „9", und die entsprechende Binärzahl 1-0-0-1 ist im Computer gespeichert. Die Zahlen 0 und 1 entsprechen den zwei Zuständen eines MOS-Transistors. Man kann also jede beliebige Zahl durch die entsprechenden Zustände von Transistoren darstellen. Und ordnet man den Buchstaben Zahlen zu, lassen sich auch Texte speichern. Man benötigt nur eine genügend große Zahl von Transistoren, um auch hohe Zahlen, die viel Binärstellen haben, speichern zu können.
Die Verarbeitung von Daten erfolgt im Computer durch *Logik-Schaltungen,* in denen die Schalttransistoren in bestimmter Weise verknüpft sind. Dabei kommt der Computer auf einen sehr großen Bedarf an Transistoren, wenn er mehrstellige Binärzahlen verarbeiten soll. Allein um zwei dreistellige Binärzahlen zu addieren (zum Beispiel 101+110, in Dezimalzahlen: 5+6) braucht man schon etwa 60 Transistoren.
Logik-Schaltungen sind auch die Grundlage jeglicher Steuer- und Regeltechnik. Wenn beispielsweise in einem Raum die Temperatur, die Feuchte und der Kohlendioxidgehalt gemessen und diese drei Daten einer Logik-Schaltung zugeführt werden, dann vergleicht die Schaltung diese Meßwerte mit Sollwerten und entscheidet, ob und wie stark die Klimaanlage eingeschaltet werden muß. Über die Ausgabe veranlaßt dieser Rechner auch gleich das „automatische" Einschalten der Anlage. Je mehr Daten miteinander verknüpft sind, desto mehr Transistoren benötigt man.
Durch die Integration einer schnell zunehmenden Zahl von Transistoren in einem Siliziumkristall erhöhte sich die Kapazität der Speicher sowie die Komplexität der Logik-Schaltungen drastisch, wodurch die

Abbildung 1: Schematisches Schnittbild durch einen MOS-Transistor. Zwischen Quelle und Senke kann nur ein Strom fließen, wenn am Gate eine kleine positive Spannung (zum Beispiel 5 V) angelegt wird.

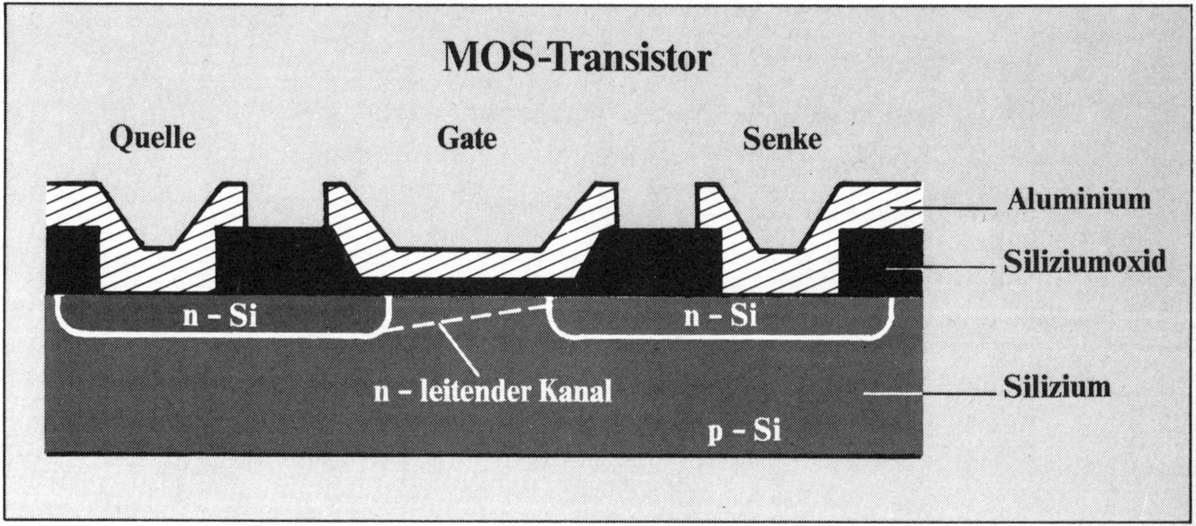

Leistungsfähigkeit der Computer in vorher kaum vorstellbarer Weise anstieg.
Die *Zahl der Transistoren auf einem Siliziumkristall* ist in den vergangenen 25 Jahren von 10 Transistoren um 1960 auf heute eine halbe Million Transistoren angestiegen *(Abbildung 2)*. Sie finden einschließlich ihrer Verbindungsleitungen auf einem fingernagelgroßen Siliziumstück Platz. Die Kapazität eines solchen Halbleiterspeichers beträgt 256 kbit, das entspricht dem Informationsinhalt von 16 Schreibmaschinenseiten. Die Entwicklung ist jedoch noch *keineswegs an ihrem*

Abbildung 2: Anstieg der Zahl der Transistoren auf einem Chip. Die Bezeichnungen über der Anstiegslinie geben die Kapazität der Schreib-Lese-Speicher an (zum Beispiel 256 Kilobit). Unter der Anstiegslinie ist die Wortbreite der Mikroprozessoren eingetragen.

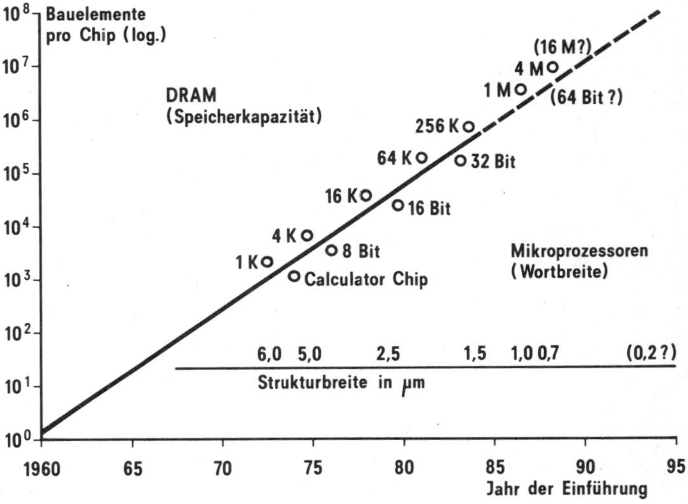

Endpunkt angelangt. Ende dieses Jahrzehnts wird es Speicher mit einer Kapazität von 4 Megabit geben, der Inhalt eines ganzen Taschenbuches mit 250 Seiten wird darin Platz finden. Der Kristall wird dann höchstens die Größe eines Daumennagels besitzen.

Universalbaustein Mikroprozessor

Der bekannteste Vertreter der Logikschaltungen ist der Mikroprozessor. Er ist ein Universalbaustein, der vom Anwender auf seinen spe-

ziellen Einsatz hin programmiert werden kann. Wie schnell er Informationen verarbeitet, seine *Arbeitsgeschwindigkeit,* hängt in erster Linie von der Wortbreite ab, die er gleichzeitig verarbeiten kann. *Abbildung 2* zeigt auch, daß diese Wortbreite mit dem wachsenden Integrationsgrad von 4 bit auf 32 bit anstieg. Während der erste elektronische Computer, der ENIAC mit 18000 Röhren, im Jahre 1946 noch einige tausendstel Sekunden zum Multiplizieren von zwei zehnstelligen Dezimalzahlen benötigte, dauert diese Rechenoperation heute höchstens noch einige millionstel Sekunden.
Logikschaltungen und Speicher lassen sich in gleicher Technik auf einem Siliziumkristall realisieren, so daß es heute möglich ist, eine komplette Computerschaltung auf einem einzigen Chip unterzubringen. Der 1-Chip-Mikrocomputer besitzt alle Funktionen, die Computer brauchen, und er dringt wegen des günstigen Preis-Leistungs-Verhältnisses in alle Bereiche der Technik vor.
Neben Speichern, Mikroprozessoren und Mikrocomputern, den sogenannten Standard-Schaltungen, gibt es noch eine große Zahl von Integrierten *Schaltungen für spezifische Anwendungen* zum Beispiel in der Nachrichtentechnik oder Unterhaltungselektronik.

Wie werden Integrierte Schaltungen hergestellt?

Ausgangsmaterial ist Silizium, das im Quarzsand als Siliziumoxid reichlich auf der Erde vorkommt. Durch eine Reihe chemischer und physikalischer Prozesse gewinnt man daraus hochreine, armdicke Einkristallstäbe. Diamantsägen zerteilen den Stab in dünne, handtellergroße runde Siliziumscheiben. In die Oberfläche dieser Scheiben werden nun die Integrierten Schaltungen eingebaut.
Die grundlegenden *Herstellungsschritte* bei dieser sogenannten Planartechnik sind:
- Oxidation der Siliziumscheibe bei 1200°C, zur Erzeugung einer dünnen Siliziumoxidschicht auf der Scheibenoberfläche.
- Auftragen einer lichtempfindlichen Fotolackschicht.
- Belichten der Fotolackschicht durch eine Maske hindurch, die die Struktur einer Ebene der späteren Schaltung besitzt.
- Entwickeln der belichteten Schicht und Entfernen des belichteten Lacks.
- Wegätzen der Oxidschicht an den lackfreien Stellen. Es entstehen dadurch Fenster in der Oxidschicht, in denen die Siliziumoberfläche frei liegt.
- Gezieltes Einbringen von Bor- oder Phosphoratomen in den Kristall durch Diffusion bei 1000°C oder Ionen-Implantation. Da das Oxid maskierend wirkt, dringen die Dotierstoffe nur an den oxidfreien Stellen ein.

Diese Herstellschritte, die eine *Ähnlichkeit mit der Fotolithographie* im Druckgewerbe besitzen, werden mit verschiedenen Masken

mehrfach wiederholt. Jede Ebene der späteren Schaltung benötigt eine eigene Maske.
Schließlich werden die Transistoren einer Schaltung durch metallische Leitbahnen untereinander verbunden. Dazu wird Aluminium ganzflächig aufgedampft und mit Hilfe der Fototechnik wieder dort weggeätzt, wo es nicht benötigt wird.
Da auf einer Siliziumscheibe von etwa 10 cm Durchmesser viele hundert Integrierte Schaltungen gleichzeitig entstehen, wird am Ende des Prozesses die Scheibe durch Sägen in die Chips zerlegt, die dann einzeln in Kunststoff- oder Metallgehäuse eingebaut werden. Die elektrischen Verbindungen zwischen der Schaltung auf dem Kristall und den Außenanschlüssen des Gehäuses stellen dünne Golddrähtchen her, die vor dem Verschließen des Gehäuses aufgebondet werden.
Diesem technologischen Verfahren geht die Schaltungsentwicklung und die Herstellung der Masken für die Fotolithographie voraus. Da eine Schaltung mit hunderttausend Transistoren etwa 10^7 topographische Koordinaten aufweist, ist die *Konzipierung und Entwicklung der Schaltung nur mehr mit Computern möglich.*

Computer erzeugen Computer

Ausgehend von der Spezifikation der Schaltung beginnt der Entwickler die Architektur der Schaltung aus Funktionsblöcken und Subsystemen auf dem Bildschirm eines Rechners aufzubauen. Dann konstruiert er in die Blöcke die entsprechenden Grundschaltungen, die Logikgatter, hinein. Im nächsten Schritt werden auf dem Bildschirm dazu die einzelnen Transistoren eingezeichnet, erst als Schaltungssymbole und schließlich in ihrer richtigen geometrischen Struktur. Das Layout der Schaltung wird von Anfang bis Ende auf einem speziellen Arbeitsplatzrechner erstellt. Die kleinsten Abmessungen betragen wenige tausendstel Millimeter.
Zwischen den einzelnen Konstruktionsschritten sorgen Simulationsläufe dafür, daß sich keine Fehler bei der Konstruktion einschleichen – denn bis zum ersten fertigen, meßbaren Chip vergehen oft noch viele Wochen. Die einige Millionen Koordinaten des Layouts liegen am Ende der Design-Entwicklung gespeichert auf einem Magnetband vor. Dieses Magnetband steuert in einem „Elektronenstrahlschreiber" einen Elektronenstrahl, der die Struktur auf eine Glasplatte mit einer Chromschicht „schreibt". Der Elektronenstrahl belichtet dabei einen Fotolack auf der Chromschicht, der belichtete Lack wird abgelöst und das darunter liegende Chrom weggeätzt. So entsteht die Maske mit der Struktur der Schaltung. Diese Struktur wird dann wie oben beschrieben auf die Siliziumscheibe übertragen.
Der Weg zur hochintegrierten Schaltung ist durch das Zusammenwirken vieler naturwissenschaftlicher und technischer Disziplinen mög-

lich geworden. Es hat sich eine „physikalische Industrie“ entwickelt, die mit optischen, feinmechanischen und elektronischen Geräten und einer hohen Automatisierung die Herstellung von Integrierten Schaltungen weltweit zu einer Massenproduktion vorangetrieben hat.

Eine Vielzahl von Einsatzmöglichkeiten der Mikroelektronik

Mit der Mikroelektronik ist ein Werkzeug der Informationsverarbeitung entstanden, das in alle technischen Bereiche hineinwirkt. Das Werkzeug, die Integrierte Schaltung, ist kleiner, zuverlässiger, schneller und kostengünstiger als alles, was vorher an Schaltungstechnik vorhanden war. Deshalb entstanden verbesserte und neue Geräte, die die Vorteile der Chips nutzten.
Abbildung 3 gibt einen Ausschnitt aus der Vielzahl der Geräte, deren Funktion mit der Verarbeitung von Informationen zusammenhängt. So unterschiedlich die Anwendungen auch sein mögen, immer werden Informationen in Form elektrischer Signale eingegeben, verar-

Abbildung 3: Beispiele für Anwendungen der Mikroelektronik. Die unterschiedlichen Funktionen der Geräte haben alle eines gemeinsam: Sie verarbeiten Informationen.

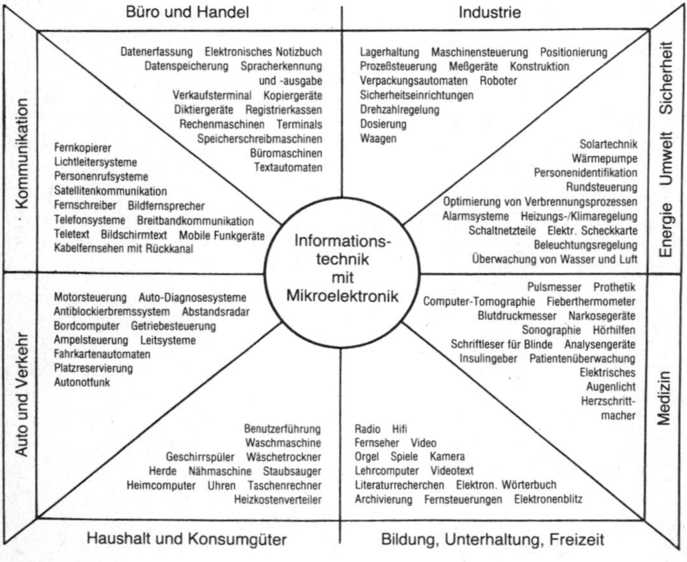

beitet und ausgegeben. Erhält zum Beispiel ein *Antiblockierbremssystem* die Information, daß ein Rad blockiert, hebt es für Augenblicke den Bremsvorgang auf. Eine *Waschmaschinensteuerung* kontrolliert Wassermenge und Temperatur und setzt die Trommel in Bewegung. Ein elektronisches *Fieberthermometer* mißt die Temperatur des Menschen und zeigt sie digital an. Die *Fernsehkamera* nimmt ein Bild auf, verwandelt es in elektrische Signale und sendet die Information über Kabel weiter.
Information, ihre Übertragung und Verarbeitung, ist schon immer ein unverzichtbarer Bestandteil unserer belebten und unbelebten materiellen Welt. Will man diese zielgerichtete Dynamik in der Technik nutzen, so heißt dies, eine große Zahl von Informationen, auch mit komplexer Verknüpfung, rasch zu verarbeiten. Überall wo künftig Informationen verarbeitet werden, geschieht dies deshalb durch die Bausteine der Mikroelektronik.
Betrachten wir die Einsatzgebiete der Integrierten Schaltungen quantitativ, so teilte sich der Weltmarkt im Wert von rund 35 Milliarden DM im Jahre 1983 nach *Abbildung 4* auf. Die Hauptanwendungsgebiete sind Daten- und Nachrichtentechnik, Meß-, Steuer- und Regeltechnik und die Unterhaltungselektronik. Der heute noch geringe Anteil von Auto- und Haushaltselektronik wird sich in den nächsten fünf Jahren bestimmt vergrößern, wenn durch die Größtintegration ganze Schaltungssysteme auf einem Chip vereinigt sind und damit einer Massenanwendung kostenmäßig nichts mehr im Wege steht.
Die Mikroelektronik löst in den verschiedenen Branchen bestimmte Zielrichtungen aus, die im folgenden kurz gestreift werden.

Der Einfluß der Mikroelektronik auf die Datentechnik

In der Rechnertechnik setzen sich die charakteristischen Eigenschaften der Chips direkt fort. Wie die Chips selbst werden auch die Computer durch die Chips zunehmend kleiner, preisgünstiger, leistungsfähiger.
Dies hat dazu geführt, daß sich drei besonders wichtige Erscheinungen in der Computertechnik bilden konnten: die *erweiterte Verbreitung des Computers* (als Arbeitsplatz- und Heimcomputer), die *Verbesserung der Schnittstelle zwischen Mensch und Maschine* und der Schritt *von der Datenverarbeitung zur Wissensverarbeitung.*
Die erweiterte Verbreitung des Computers führt in der kommerziellen Datenverarbeitung zu einer *Dezentralisierung der Rechenarbeit.* Terminals, die früher nur zur Ein- und Ausgabe von Daten dienten, werden selbst zum Computer („intelligente Terminals"). Daten können an Ort und Stelle selektiert werden, Rechenvorgänge finden bereits im

Terminal statt. Die Datentechnik wird damit in den Arbeitsplatz integriert, sei es im Büro, in der Produktion oder auch am Ladentisch. Selbstverständlich steigt auch die *Leistungsfähigkeit der Großrechner* ständig an – ohne in gleichem Verhältnis mit dem Preis nachzuziehen. Hochintegrierte Mikroelektronik-Bausteine beschleunigen darin den Rechenvorgang, verkürzen die Zugriffzeiten und erhöhen die Speicherkapazität.

Abbildung 4: Aufteilung des Anwendermarktes nach Branchen. Weltmarkt 1983: 34,6 Milliarden DM.

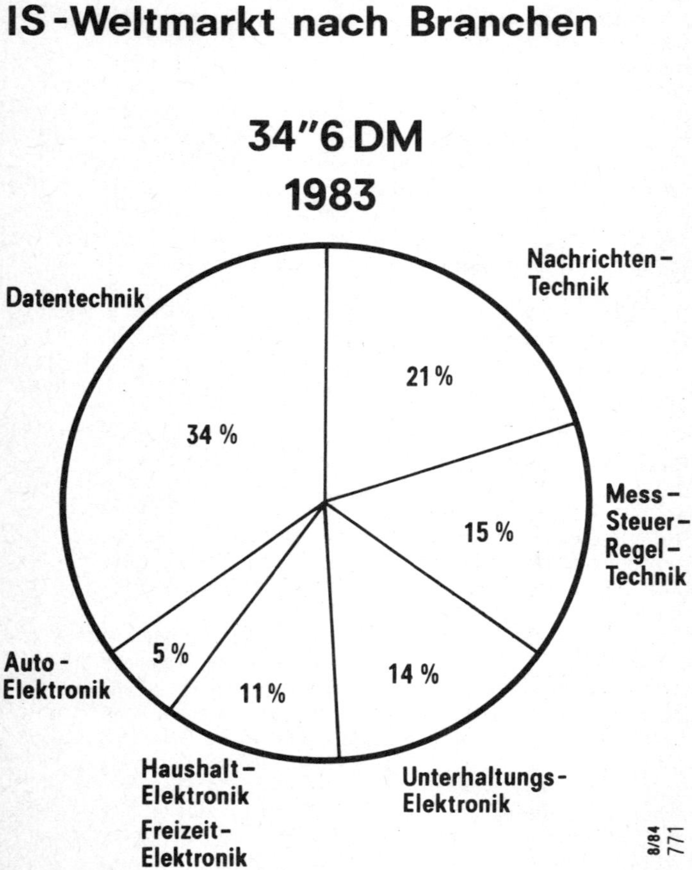

Der Umgang von Mensch und Computer wird zunehmend einfacher

Wenn immer mehr Menschen mit dem Computer umgehen und die Aufgaben immer vielfältiger werden, die der Mensch dem Computer zuteilen will, dann erhält die Schnittstelle zwischen Mensch und Computer einen neuen Stellenwert. Früher gingen mit dem Computer nur die Computerspezialisten um. Nach einer Studie der Gesellschaft für Informatik werden 1990 etwa 60% der Beschäftigten der Bundesrepublik in irgendeiner Weise mit dem Computer zu tun haben.

Das wesentliche Instrumentarium im Verkehr zwischen Mensch und Rechner besteht nach wie vor aus Tastatur und Bildschirm. Die für die Menschen im Verkehr untereinander wichtigsten Mittel sind dagegen die Sprache und das geschriebene Wort. Seit langem wird deshalb intensiv daran gearbeitet, Maschinen so weit zu bringen, daß sie „lesen" können und daß man sich *in natürlicher Sprache mit ihnen verständigen* kann. Dabei ist die Datenausgabe durch verständliche Sprache technisch ein bei weitem einfacheres Problem als die *Eingabe*.

Diese Weiterentwicklung der Computertechnik – abhängig auch von der Weiterentwicklung der Chips – führt schließlich zu den *Computern der fünften Generation*. Die Systeme sollen dann geschriebene oder sogar gesprochene Anweisungen entgegennehmen können und diese automatisch in maschinengerechte Steuerungsbefehle umsetzen. Dadurch würden spezielle Programmierkenntnisse beim Benutzer entfallen, eine der Hauptbarrieren auf dem Weg zur wirklich universalen Computeranwendung. Auch eine direkte grafische Eingabe, etwa von handgezeichneten Diagrammen, soll möglich werden.

Computer der fünften Generation nennt man auch Computer, die nicht nur Daten, sondern *Wissen* verarbeiten. Wissensbasierte Computerprogramme werden als „Expertensysteme" bezeichnet. Sie sollen den Computer zu einem intelligenten Assistenten des Menschen machen. Einem menschlichen Experten ähnlich können sie mit Hilfe des in ihnen gespeicherten Wissens Probleme aus begrenzten Spezialgebieten *selbständig bearbeiten*. Derartige Systeme gibt es heute unter anderem für medizinische und technische Diagnosen. Wichtiges Merkmal ist dabei, daß der Computer dem Fragesteller erklärt, wie er zu seinen Schlußfolgerungen gekommen ist.

Alle Kommunikationsarten künftig über ein einziges digitalisiertes Netz

Die Mikroelektronik verbessert einerseits unsere bestehenden Informations- und Kommunikationssysteme, wie Rundfunk und Fernsehen, Telefon und Fernschreiber, andererseits erweitert sie mit neuen Nachrichtensystemen die Möglichkeiten, Sprache, Schrift, Bilder und Daten auszutauschen.

Die in *Abbildung 5* aufgeführten, etwa im Jahr 2000 realisierten Kommunikationssysteme werden nur durch die Entwicklung der Mikroelektronik zum Einsatz kommen. Selbst das Telefon, das seit 1877 an der Spitze der Tabelle steht, wird durch die Digitalisierung des Fernsprechnetzes andere Eigenschaften besitzen wie das Telefon von heute.

Das Ziel ist, alle Kommunikationsarten – Sprache, Texte, Bild und Daten – über ein einziges digitalisiertes Netz zu führen. Über eine *Kommunikationssteckdose* an jedem Büroarbeitsplatz laufen dann alle Dienste von einem Teilnehmer zum anderen oder vom Teilnehmer zur Zentrale. ISDN *(Integrated Services Digital Network)* heißt das Zauberwort, das Sprache und Bilder gleichzeitig befördert, das den Anschluß zum Rechner herstellt und Texte beim Empfänger

Abbildung 5: Entwicklung der Kommunikationsdienste.

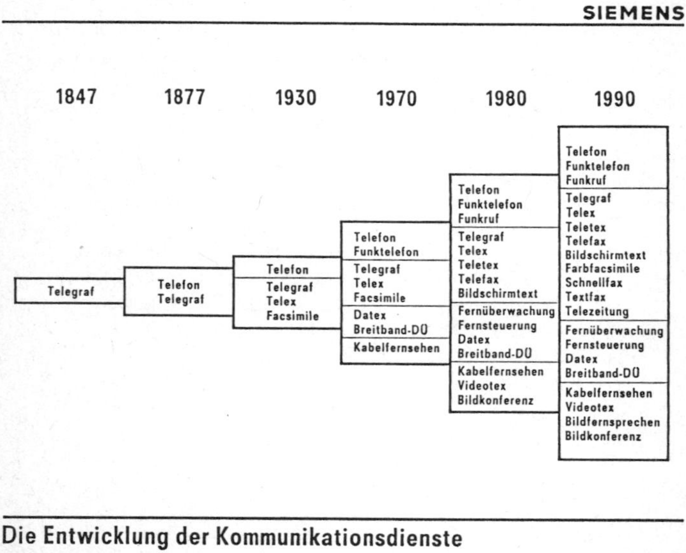

schreiben läßt. Was heute in Nebenstellenanlagen schon verwirklicht ist, wird in den nächsten Jahrzehnten weltweit sich ausbreiten wie das Telefonnetz von heute. Ziel ist, daß jeder mit jedem, zu jeder Zeit an jedem Ort und auf die verschiedensten Weisen in Verbindung treten kann. Die *Digitaltechnik,* bei der anstelle von Analogsignalen nur kurze elektrische Impulse ausgesandt werden, wird dies durch *Satelliten- und Glasfaserübertragung* ermöglichen. Die digitale Nachrichtenübertragung kommt wie die oben beschriebene Informationsverarbeitung ebenfalls mit zwei Zuständen aus, nämlich Impuls oder kein Impuls. Sie stellt nahtlos den Übergang zur Informationsverarbeitung im binär arbeitenden Computer dar.

Roboter sollen auch die Arbeit erleichtern

Mikroelektronik ermöglicht den Bau von *flexiblen Handhabungsautomaten,* den Robotern. Sie können heute diesen und morgen jenen Arbeitsgang übernehmen. Dem Roboter lassen sich komplizierte Bewegungen einprogrammieren. Während Automatisierung früher immer mit einem Verlust an Flexibilität der Fertigung verbunden war, tritt durch den umprogrammierbaren Mikrocomputer dieser Nachteil zurück.

Roboter dienen einmal dazu, *die Produktivität zu steigern, die Qualität der Produkte zu erhöhen* und damit deren Wettbewerbsfähigkeit auf dem Weltmarkt zu sichern. Zum anderen sind sie dort von großem Nutzen, wo sie Arbeiten in einer Umgebung übernehmen, die für den Menschen belastend oder unzumutbar sind: In großer Hitze, in staub- und lärmerfüllten Räumen oder in gefahrvollen Situationen. Roboter erleichtern die Arbeit. Sie tun damit etwas, was sich die Menschen seit Jahrtausenden wünschen und auch einmal zur Erfindung des Rades geführt hat. Das Fließband, eine Errungenschaft der zweiten industriellen Revolution, wird seinen Schrecken verlieren: nicht mehr der Mensch muß es in eintöniger Tätigkeit bedienen, sondern der Roboter.

Aber nicht nur in großen Industriewerken, wie Walzwerken oder Autofabriken, schreitet die Automatisierung durch die Mikroelektronik voran. Der *preiswerte Mikrocomputer* kann *auch in Kleinbetrieben* die Prozeßsteuerung übernehmen. Die Steuer- und Regelvorgänge in Brauereien, Bäckereien, Schneidereien oder vielen anderen Handwerksbetrieben bieten sich für den Einsatz des Mikrocomputers an.

Die Mikroelektronik wirkt sich aber nicht nur in Richtung rationeller Fertigungsmethoden aus. Es entstehen viele neue oder verbesserte Geräte für die Industrie, die mit Mikroelektronik ausgerüstet sind, wie zum Beispiel Werkzeugmaschinen, Verpackungsmaschinen, Waagen, Analysen- und Meßgeräte oder Klimaregelungen.

Neue Wege in der Medizin

Die Meß-, Steuer- und Regeltechnik mit Mikroelektronik eröffnet in der medizinischen Technik neue Wege der *Diagnose* und Therapie. Elektronische Fieber-, Puls- und Blutdruckmesser erleichtern die Überwachung von schwerkranken Patienten. In Intensivstationen melden Mikrocomputer, wenn Herzimpulse von einem gespeicherten Normal-EKG abweichen. Die neuartigen bildgebenden Diagnosegeräte Computer-Tomograph und Kernspin-Tomograph liefern kontrastreiche Querschnittbilder des menschlichen Körpers. Kranke Zellen, auch in Weichteilen wie Gehirn oder Leber, können deutlich erkannt werden, ohne den Patienten durch die Untersuchung zu belasten.
In der *Prothetik* sind Herzschrittmacher und Hörhilfen in großem Umfang schon eingeführt. Versuche laufen mit *Muskelschrittmachern,* die Querschnittsgelähmten wieder zur Gehfähigkeit verhelfen oder ein gelähmtes Zwerchfell wieder zu Atmungsaktionen anregen sollen.

Mikroelektronik und Umweltschutz

Mikroelektronische Meß-Steuer-Regeltechnik ist auch für eine großräumige Erfassung der *Umweltparameter* unerläßlich. Bei der Analyse, Kontrolle und Regelung von Umweltprozessen in den Bereichen Wasser, Luft, Lärm und Strahlung arbeitet der Computer mit hochsensiblen Meßgeräten zusammen. Datenerfassung, Datenverarbeitung und Ergebnisauswertung sind als kybernetische Einheit zu sehen, die als „Informationssystem Umwelt" zum Planen und Beurteilen von Umweltschutzmaßnahmen herangezogen werden kann.
Prozeßsteuerungen in Produktionslinien dienen auch der *Einsparung von Rohstoffen und Energie*. Dabei ist in der Industrie aus Kostengründen der Energieeinsatz schon immer kritischer betrachtet worden als im Haushalt. Von 1960 bis 1973 stiegen der Primärenergieverbrauch und das Bruttosozialprodukt in der Bundesrepublik proportional an; 1973 trat eine Wende ein. Von 1973 bis 1982 hat das Inlandsprodukt durchschnittlich um 2,1% p.a. zugenommen, der Primärenergieverbrauch jedoch nur um 0,2% p.a. Diese Entkoppelung hat verschiedene Ursachen, nicht zuletzt aber die Meß-, Steuer- und Regeltechnik in immer verfeinerter Form.
Auch bei der *Energieerzeugung* leisten Prozeßrechner einen entscheidenden Beitrag, elektrische Energie in Kraftwerken rationeller zu gewinnen. Datenverarbeitungs-Systeme sind zugleich wichtige Instrumente, um eine wirksame Energieverteilung zu planen und zu gewährleisten.

Elektronik im Auto: mehr Sicherheit, weniger Kraftstoffverbrauch

Mit zunehmender Verbilligung der Mikrocomputer-Chips und der Entwicklung von geeigneten *Sensoren* wird im Auto eine Reihe neuer elektronischer Systeme eingebaut, die einem dreifachen Zweck dienen: Das Auto sicherer zu machen, Kraftstoff zu sparen und den Fahrtkomfort zu erhöhen. Die Sicherheit wird erhöht zum Beispiel durch Antiblockierbremssysteme, durch Warnsignale, wenn Vereisung der Straße droht, durch Anzeige des Reifendrucks und vielleicht einmal durch ein Abstandsradar-System.
Die elektronische Motorsteuerung sorgt über die Messung der Drehzahl des Motors, der Außentemperatur, des Luftdrucks und anderer Parameter für eine Optimierung des Zündzeitpunktes, des Schließwinkels und der Zusammensetzung des Luft-Kraftstoff-Gemisches in Richtung geringsten Kraftstoffverbrauchs. Durch die hohe Rechengeschwindigkeit des Mikrocomputers erfolgt bei jeder Kurbelwellenumdrehung eine Abfrage und Neuberechnung der Daten. Die Kraftstoffersparnis mit elektronischer Motorsteuerung beträgt etwa 15%.
Den Fahrkomfort erhöht der Bordcomputer mit einer Reihe nützlicher Informationen, eine elektronisch gesteuerte Klimaregelung oder eine auf verschiedene Personen vorprogrammierte Sitzeinstellung.

Mikroelektronik auch vermehrt im Haushalt

Prozeßtechnik gibt es nicht nur in der Industrie, sondern auch in Haushaltgeräten. In der *Waschmaschine* kann man noch 35% Energie einsparen durch geringere Laugenmenge und geringere Waschtemperatur. Dies läßt sich durch exakter schaltende Regelsysteme erreichen. Derzeit ist auch eine *Komponentenwaschmaschine* in Erprobung, bei der verschiedene flüssige Waschmittelkomponenten zum richtigen Zeitpunkt des Waschvorgangs, in der für die Wäscheart richtigen Dosierung und Zusammensetzung zugegeben werden. Die Umwelt wird nicht mehr durch ein Übermaß an Waschmittel verunreinigt.
Heizungsregelungen optimieren die Kesseltemperatur des Wassers, verteilen die Wärme nach einem für jeden Raum individuellen Programm und werden mitgesteuert von der Außentemperatur und der Sonneneinstrahlung. Heizungssysteme, die ölbefeuerte Warmwasserheizungen mit Wärmepumpen oder Sonnenkollektoren koppeln, benötigen zum Betrieb ein ausgeklügeltes elektronisches Steuerungssystem. Nur dann kommen die Energiesparvorteile solcher *bivalenten Heizsysteme* voll zur Wirkung.

Der technische Fortschritt in der *Unterhaltungselektronik* liegt nicht nur im Bedienkomfort von Fernseh- und Rundfunkgeräten. Er spielt sich auch weitgehend im Innern der Geräte ab. Die Digitalisierung der Signalverarbeitung wird die Empfangsqualität von Bild und Ton weiter verbessern. Hinzu kommen neue Geräte, die mit Laser abgetasteten Schallplatten oder Bildplatten oder der flache Bildschirm, an dem intensiv gearbeitet wird.
Der Bedarf an Geräten der Freizeit-Elektronik wird mit zunehmendem Lebensstandard weiter anwachsen. Je mehr die elementaren Bedürfnisse des Menschen gestillt sind, desto mehr greift er nach kreativen Freizeitgeräten wie Fotoapparaten und Filmkameras, Musikinstrumenten und Spielen.
Mit diesem Überblick über eine große Zahl neuer Anwendungen ist nur ein kleiner Teil der heute bekannten Möglichkeiten beschrieben. Man schätzt, daß heute erst etwa 15% aller Anwendungen der Mikroelektronik ausgenutzt werden.

Die Integrationstechnik ist noch keineswegs an ihrem Endpunkt angelangt

Es wurde schon erwähnt, daß die Integrationstechnik noch keineswegs an ihrem Endpunkt angelangt ist. Neuere Entwicklungsarbeiten beschäftigen sich damit, *dreidimensionale Schaltungen* durch schichtweisen Aufbau von mehreren Siliziumebenen übereinander herzustellen. Jede Ebene ist von der darunter- und darüberliegenden durch eine Schicht aus isolierendem Siliziumoxid getrennt.
Die *physikalischen Grenzen* der Integrationstechnik ergeben sich unter anderem durch Probleme der Wärmeableitung, des thermischen Rauschens, der statistischen Ladungsträger-Verfügbarkeit und der Strahlungsempfindlichkeit. Die heute erkennbare physikalische Grenze liegt im Bereich von 30 bis 100 Millionen Transistoren pro Chip mit Strukturbreiten von etwa 0,2 μm. Die technische und wirtschaftliche Grenze liegt noch davor.
Man versucht durch *Mehrfachverfügbarkeit* gleicher Funktionselemente die Ausbeute und Zuverlässigkeit großer Schaltungen so zu erhöhen, daß man auf einer ganzen handtellergroßen Siliziumscheibe ein einziges hochkomplexes System integrieren kann. Diese *Wafer-Scale-Integration* stellt einen neuen Schritt der Schaltungstechnik dar.
Zur Erhöhung der *Arbeitsgeschwindigkeit* der integrierten Schaltungen wird das Silizium – zum Teil heute schon – durch das teurere und fertigungstechnisch schwieriger beherrschbare *Gallium-Arsenid* ersetzt. Alle in der Siliziumtechnik gewonnenen Erfahrungen lassen sich prinzipiell auf Gallium-Arsenide übertragen. Infolge der höheren Elektronenbeweglichkeit im Gallium-Arsenid sind in diesem Material extrem kurze Gatterlaufzeiten erreichbar. Entwicklungsziel für

schnelle Spezialelemente ist die Verkürzung der Laufzeit von derzeit 17 psec auf weniger als 5 psec.

Bessere Sensoren

Mit dem Vordringen des Mikrocomputers in immer neue Anwendungen der Meß-, Steuer- und Regeltechnik wird es erforderlich, zahlreiche Eingangsdaten aufzunehmen. Benötigt werden insbesondere Sensoren für Position, Temperatur, Druck und Durchfluß im technisch-maschinellen Bereich sowie Umweltsensoren zur Schadstofferfassung. Unter den Aspekten Langzeitstabilität, Genauigkeit, Kleinheit und auch Wirtschaftlichkeit wird zur Herstellung von Sensoren in immer stärkerem Maße die Siliziumtechnik herangezogen. Um Daten oberhalb einer Umgebungstemperatur von 150 °C erfassen zu können, wird auch hier anstelle von Silizium Gallium-Arsenid verwendet. Ein solcher GaAs-Sensor kann bis zu Temperaturen von 400 °C eingesetzt werden, beispielsweise in der Ölwanne von Automobilen zur Erfassung der Getriebedrehzahl bei elektronischer Getriebesteuerung.
Zukunftsweisend, insbesondere auf dem Gebiet der Umweltsensorik, ist die Entwicklung von *Biosensoren*. Dazu bringt man auf herkömmliche Siliziumchips hochaktive organische Schichten auf, mit denen man bestimmte Stoffe selbst in extrem geringen Konzentrationen nachweisen und messen kann.

Auf dem Wege zur Bio- und Molekularelektronik

Nach der Jahrtausendwende wird eine neue Technologie zur Informationsverarbeitung, die Bioelektronik und Molekularelektronik erwartet. Das anorganische Material Silizium soll hierbei durch organische Halbleiter ersetzt werden, und die energetischen Zustände von Molekülen sollen sich nach heutigen Vorstellungen schalten und zur Informationsspeicherung verwenden lassen. Mit dreidimensionalen Strukturen organischer Moleküle, deren Aufbauweise und Kontaktierung noch völlig unbekannt sind, erwartet man eine Vergrößerung der Packungsdichte und Verarbeitungsgeschwindigkeit weit über die Siliziumtechnik hinaus.
Doch ehe diese noch spekulativen neuen Technologien Wirklichkeit werden, ist es wichtig, daß die Bundesrepublik im Hard- und Softwarebereich der Mikroelektronik in der Spitzengruppe der Knowhow-Träger bleibt. Dazu sind große Anstrengungen im Bereich der Forschungen und Entwicklungen sowie hohe Investitionen der Industrie nötig. Auch die Schaffung eines innovationsfördernden Umfelds durch Staat und Gesellschaft ist eine Voraussetzung, daß

das wirtschaftliche Potential der Mikroelektronik zum Tragen kommt.
Setzt man die langen Wellen der Volkswirtschaft fort, wie sie *Kondratieff* vor rund einem halben Jahrhundert für seine Vergangenheit aufgestellt hat *(Abbildung 6),* erscheint die Mikroelektronik als eine Basisinnovation, die wesentlich dazu beitragen kann, die Informationsgesellschaft in eine neue Wirtschaftskonjunktur zu führen.

Abbildung 6: Die langen Wellen der Weltkonjunktur (nach Kondratieff). Die Basisinnovationen verursachen jeweils einen Anstieg der Konjunktur.

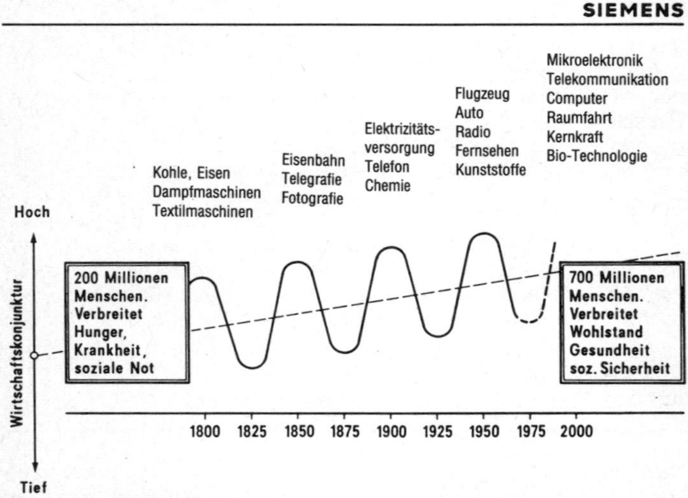

Zusammenhang zwischen Wirtschaftskonjunktur und Erfindungen in den Industrieländern

Jürgen Seetzen

Neue Nachrichtentechniken

Die Möglichkeiten neuer Nachrichtentechniken werden unsere Wirklichkeit tiefgreifend verändern

Auch die „alten" Nachrichtentechniken sind ja nicht so alt

Wenn wir uns zunächst die „alten" Nachrichtentechniken Telegrafie, Telefon, Nachrichtenfunk, Rundfunk und Fernsehen vorstellen, so wird uns klar, daß diese eigentlich noch gar nicht so alt sind. Die *Telegrafie* ist etwa 140 Jahre alt, das *Telefon* 110, der *Nachrichtenfunk* 80 Jahre, der *Rundfunk* ist etwa 60 Jahre alt, das *Fernsehen* etwa 50 Jahre und das *Farbfernsehen* rund 20 Jahre. Seit der Einführung des Telefons waren die nachrichtentechnischen Innovationen vor allem auf die *Verteilung* von Informationen gerichtet, während Telegrafie, Telefon und Nachrichtenfunk weiter der *Vermittlung* von Nachrichten dienten.

Wir haben es also seit den zwanziger Jahren unseres Jahrhunderts mit zwei verschiedenen Bereichen der Nachrichtentechnik zu tun, einerseits mit der *Individual*kommunikation, bei der Personen oder Institutionen direkt miteinander kommunizieren, und andererseits mit der *Massen*kommunikation, bei der von einer Nachrichtenquelle aus Informationen an alle diejenigen, die Nachrichtenempfänger besitzen, gesendet werden. Eine andere Unterscheidung ist die *leitungsgebundene* Nachrichtentechnik, die bisher hauptsächlich der Individualkommunikation diente, also Telegrafie und Telefon, und die *nicht leitungsgebundene* Nachrichtentechnik mit der Übertragung über den Raum durch elektromagnetische Wellen – von *Heinrich Hertz* 1887 entdeckt –, die hauptsächlich der Massenkommunikation dient.

Eine Sonderrolle spielte immer der *Nachrichtenfunk* – von *Marconi* 1895 eingeführt –, der individuelle Nachrichten über den Raum vermittelt, insbesondere von mobilen Funkstellen wie Schiffen oder später Flugzeugen und Landfahrzeugen aus, oder der mit Richtfunkstrecken das Netz der Individualkommunikation ergänzt.

Diese „etablierte" Nachrichtentechnik gerät in unserer Zeit in den Fluß von Innovationen, der die alten Einteilungen überwindet und neue Möglichkeiten schafft.

Ein eindeutiger Trend zur digitalen Nachrichtentechnik

Der Durchbruch kommt zunächst aus der *Mikroelektronik.* Bisher war es üblich, beim Telefon oder Fernsehen, den wichtigsten Nachrichtenübertragungstechniken, die Sprach- oder Bildsignale in Form von *elektromagnetischen Schwingungen* zu übertragen. Man nennt diese Signalform *analog.* Es ist aber seit langem bekannt, daß man solche Analogsignale *in Pulse übersetzen* kann *(Puls-Code-Modulierung),* gewissermaßen in die Binärsprache der Computer. Dies kostet zwar Übertragungskapazität, weil man Analogsignale wenigstens mit der doppelten Frequenz der höchsten zu übertragenden Schwingungszahl abtasten muß und den gemessenen Pegel der analogen Schwingung *digital* codieren muß, so daß man für die codierten Digitalsignale etwa das Zehnfache an Frequenz benötigt wie für das Analogsignal.

Andererseits gewinnt man *große Vorteile* bei der Übertragung von Digitalsignalen. Der eine ist, daß sich die *Übertragungsgüte* wesentlich erhöht, denn ein Puls kann leichter regeneriert werden als eine Schwingung. Wir machen heute alle diese Erfahrung mit der *digitalen Tonplatte,* der CD. Der andere Vorteil ist, daß sich Digitalsignale für die Übertragung ineinander *verschachteln* lassen *(Zeitmultiplex),* so daß man gegebene Übertragungskapazität *höher auslasten* kann. Schließlich besteht ein großer Vorteil bei den Digitalsignalen darin, daß sie mit Hilfe der *Digitaltechnik* verarbeitet, vermittelt und gespeichert werden können. Die *Mikroelektronik* bringt vor allem eine *äußerst leistungsfähige und billige* Digitaltechnik hervor, so daß auch die Nachrichtentechnik hiervon großen Nutzen hat. Der Trend zur digitalen Nachrichtentechnik ist ganz eindeutig.

Der allerwichtigste Vorteil der digitalen Nachrichtentechnik besteht aber darin, daß Digitalsignale sich in gleicher Weise übertragen und vermitteln lassen, gleichgültig ob es sich ursprünglich um *Texte, Zahlen, Grafik, Bilder* oder *Bewegtbilder* handelt. Bisher benötigte man für jede Kommunikationsform ein eigenes System, also Endgeräte, Übertragungs- und Vermittlungseinrichtungen. In Zukunft kann die digitale Nachrichtentechnik mit *einer* Übertragungs- und Vermittlungstechnik auskommen, nur noch die Endgeräte müssen unterscheiden können, welche Kommunikationsform bei der Aufnahme oder Wiedergabe vorliegt. Es entstehen also sogenannte „diensteintegrierte" Nachrichtensysteme.

Die Vereinigung von Individual- und Massenkommunikation mit Hilfe von Glasfasern

Das Verwirrende an der heutigen Situation in der Nachrichtentechnik ist, daß wir uns in einer Übergangsphase befinden, in der sich aus den alten Techniken heraus neue Nachrichtentechniken bilden, ohne daß schon die volle Integration in einem übergreifenden System möglich wäre. Dieses übergreifende System ist aber andererseits in seiner technischen Konzeption schon deutlich zu erkennen.
Gewissermaßen den perspektivischen Fluchtpunkt der nachrichtentechnischen Entwicklung stellt ein System dar, das die Individualkommunikation und die Massenkommunikation in sich vereinigt und deren heutige Möglichkeiten noch erheblich erweitert. Die Basis eines derartigen Systems sind Glasfasern. In derartigen „Lichtleitern" lassen sich Digitalsignale über Strecken von 50 bis 100 km praktisch ohne Verluste übertragen, und zwar mit einer Übertragungskapazität daß zum Beispiel etwa 10 bis 20 Fernsehprogramme gleichzeitig „laufen" können. Fernsehsignale benötigen etwa die 2000fache Übertragungskapazität eines Sprachsignals beim Telefonieren. Man bezeichnet die für die Bewegtbildübertragung notwendige Übertragungskapazität als „breitbandig", weil hierfür ein relativ breites Band des möglichen Übertragungsspektrums benötigt wird. Daten, Sprache, Grafik läßt sich demgegenüber „schmalbandig" übertragen.
Ein *Integriertes Breitband-Fernmeldenetz* (IBFN), wie die neue technische Konzeption bei der *Deutschen Bundespost* heißt, würde die Möglichkeiten der Individualkommunikation auf eine ganz neue Ebene bringen. Es würde nämlich die „Sichtverbindung" zwischen zwei oder mehr Personen oder Räumen und Plätzen, an denen etwas geschieht, über beliebige Entfernungen erlauben. Aber auch die Massenkommunikation würde endgültig aus der Situation begrenzter Zahlen von Übertragungskanälen kommen und könnte zudem die nächste Stufe in der Qualität der Bilddarstellung erreichen mit dem sogenannten „hochauflösenden" Fernsehen, das dann die Qualität eines 35-mm-Filmes hätte.
Die *Deutsche Bundespost* hat angekündigt, daß das IBFN ab Anfang der neunziger Jahre „bedarfsgerecht und rentabilitätsorientiert" eingeführt wird. Sie fängt bereits jetzt mit einem „Telekonferenzdienst" an, aber bis zum vollen Ausbau des Systems, bei dem nahezu auch jeder private Haushalt einen Glasfaseranschluß hat, können leicht 30 bis 40 Jahre vergehen. Die volle Verbreitung des Telefons hat schließlich noch länger gedauert.

Digitalisierung des Telefonsystems

Die neuen Nachrichtentechniken, die sich heute in der Einführung befinden oder die in Kürze eingeführt werden, erscheinen vor der Entwicklung zum IBFN durchweg als Übergangslösungen, mit Ausnahme wieder des Mobilfunks. Aber wer kann und will schon heute auf Verbesserungen in der Nachrichtentechnik verzichten, nur weil sich eine noch bessere aber auch aufwendigere Lösung abzeichnet. Bei den heute aktuellen neuen Nachrichtentechniken haben wir es mit vier Entwicklungen zu tun.

Erstens vollzieht sich der Übergang zur Digitaltechnik mit großer Intensität schon beim *Telefon.* Hier ist seit einigen Jahren, nämlich seit das Leistungs-Preis-Verhältnis der Mikroelektronik so rapide angewachsen ist, deutlich, daß sich das vorhandene Übertragungssystem wesentlich besser auslasten läßt, wenn man die *Telefonsignale digitalisiert.* Dazu muß man insbesondere von der heutigen elektromechanischen Vermittlung auf digitale *Vermittlungen* übergehen, man kann aber das gesamte Telefonleitungsnetz weiternutzen – und darin steckt das meiste Geld. Die Vorteile liegen zunächst bei der Post, die ihre Telefonsystem-Kapazität günstiger nutzen kann. Sie nimmt deshalb auch in ihrer Vermittlungs- und Übertragungstechnik die erforderlichen Signalwandlungen analog zu digital und umgekehrt vor, und der Teilnehmer merkt hiervon nichts. Anders wird die Sache, wenn bereits *beim Teilnehmer* digitale Signale entstehen, zum Beispiel von einem Arbeitsplatzrechner oder einem Teletexgerät oder einem Bildschirmtext-Gerät. Heute müssen von solchen Geräten ausgehende Digitalsignale noch in Analogsignale für die Übertragung umgesetzt werden oder, was teuer ist, das spezielle Datenübertragungssystem *Datex* benutzt werden. Wenn die Teilnehmer, und hierbei handelt es sich vornehmlich um geschäftliche Nutzer, aber Anschlüsse an digitale Vermittlungen haben können und diese untereinander verbunden sind, dann können sie mit hoher Übertragungsrate Digitalsignale miteinander austauschen. Das Sprachsignal des Telefons benötigt eine Übertragungsrate von 64000 bit/sec. Dies ist für den normalen Datenverkehr sehr viel, oder es entspräche 30 DIN-A4-Seiten/sec. Man kann also bei einem digitalisierten Telefonsystem mit digitalen Teilnehmer-Anschlüssen eine Fülle von verschiedenen Informationsarten austauschen. Ein solches System wird international als *Integrated Services Digital Network* (ISDN) bezeichnet. Hierfür liegen inzwischen internationale Normenempfehlungen vor, so daß damit gerechnet werden kann, daß sich solche Kommunikationsmöglichkeiten in den nächsten Jahren beginnend bis ins nächste Jahrzehnt weltweit durchsetzen.

Bei der sehr schnell zunehmenden Anzahl von Arbeitsplatzrechnern, Textverarbeitungssystemen, Telefax-Geräten, aber auch der üblichen EDV-Anlagen, wird ein ISDN sicherlich zu bedeutenden Ratio-

nalisierungen in der Geschäftskommunikation führen. Aber auch das Telefonieren, das über dieses System geschieht, wird neue Möglichkeiten bieten. Man kann zum Beispiel Nachrichten wie beim Anrufbeantworter hinterlegen, man kann recht leicht mehrere Teilnehmer zum Gespräch zusammenschalten. Eine solche *Audiokonferenz* kann durch Teletex oder Telefax unterstützt werden.
Gewisse Vorstufen zu den Möglichkeiten des ISDN sind die heute in der Einführung befindlichen Systeme *Teletex* und *Bildschirmtext.* Beides sind im Prinzip digitale Kommunikationsformen. Ihre Nützlichkeit wird sich sicher wesentlich steigern, wenn sie über ein ISDN arbeiten können. Dies kann aber erst geschehen, wenn ISDN-Teilnehmeranschlüsse überall angeboten werden, und dies wird noch eine Reihe von Jahren dauern.

Ein Durchbruch beim Mobilfunk

Die zweite wichtige technische Entwicklung betrifft den Mobilfunk. Dort bahnt sich durch die Digitaltechnik ebenfalls ein Durchbruch an. Bisher waren die Funkfrequenzen sehr knapp. Dadurch, daß man aber das Land in kleine Zellen einteilt und mit relativ schwachen Sendern arbeitet, kann man die verfügbaren Frequenzen immer wieder verwenden. Der Trick ist, daß das System die Sende- und Empfangsfrequenzen automatisch verwaltet und daß die digitalisierten Signale abhörsicher sind. Das Autotelefon oder Bus- und Zugtelefon kann sich in den nächsten Jahren aufgrund dieser deutsch-französischen Entwicklung sprunghaft verbreiten.

Satellitentechnik

Die dritte wichtige technische Entwicklung ergibt sich aus der Satellitentechnik. Hier unterscheidet man *Nachrichtensatelliten* und *Rundfunksatelliten.* Die Nachrichtensatelliten bieten eine so günstige Möglichkeit, Telefon oder Datensignale über sehr weite Strecken zu übertragen, daß heute der interkontinentale Nachrichtenverkehr ohne diese Technik schon gar nicht mehr vorstellbar ist. Sie senden verhältnismäßig schwache Signale, da sie aus Gewichtsgründen nur eine geringe Eigenstromversorgung tragen. Deshalb braucht man für den Fernmeldeverkehr über Nachrichtensatelliten Erdefunkstellen mit großen Parabolantennen. *Rundfunksatelliten* sind eine neuere Entwicklung. Seit die Nutzlasten von Raketen oder Raumfähren wesentlich größer geworden sind, können Satelliten mit leistungsfähigeren Stromversorgungen nun auch Signale abstrahlen, die sich mit kleinen Parabolantennen mit unter 1 m Durchmesser empfangen lassen. Solche Rundfunksatelliten sollen vor allem der Verteilung von Fernsehprogrammen dienen.

Das Kupferkoaxialkabel

Die vierte technische Entwicklung ist eigentlich gar nicht neu, und trotzdem zieht sie die größte öffentliche Aufmerksamkeit auf sich. Es handelt sich um die leitungsgebundene Verteilung von *Fernsehsignalen* über Kupferkoaxialkabel. Ein solches Kabel kann über geringe Entfernungen 20 bis 30 Fernsehsignale gleichzeitig übertragen. Deshalb hat man diese Technik zunächst für Gemeinschaftsantennen oder Großgemeinschaftsantennen genutzt, um Antennenkosten zu sparen. Allerdings lassen sich über den Raum nur ganz wenige Fernsehsignale störungsarm übertragen. Deshalb lag natürlich die Idee nahe, Kabelinseln über Leitungen (Koaxialkabel) zu verbinden oder die Fernsehverteilung gleich über Kabelanschlüsse vorzunehmen. Dann kann jedenfalls die Fernsehfrequenzknappheit überwunden werden und das Fernsehangebot vergrößert werden. Kupferkoaxialkabel haben gegenüber der Glasfaser den Nachteil, daß die Signale im Abstand von wenigen Kilometern immer wieder verstärkt werden müssen.
Die Möglichkeiten des Kabelfernsehens sind besonders in den USA seit den siebziger Jahren genutzt worden, zum Teil weil die Amerikaner auch Fernsehsendungen sehen möchten, die nicht von Werbung unterbrochen sind. Aber besonders auch in Kanada und in den Benelux-Ländern gibt es eine sehr große Verbreitung des Kabelfernsehens, weil dort auf diese Weise vor allem die schlecht direkt zu empfangenden Programme aus den Nachbarländern verteilt werden können. Eine gewisse Neuheit in der Nachrichtentechnik für die Massenkommunikation ist die Einspeisung von Fernsehsignalen, die durch Satelliten abgestrahlt werden. Dies können auch durchaus Nachrichtensatelliten sein, denn für größere Kabelinseln lohnt sich auch eine aufwendigere Antenne. Auf jeden Fall bleiben die Kosten für das kombinierte System von Satellitenübertragung und Ortsverteilung von Fernsehsignalen durch Kupferkoaxialkabel begrenzt.

Videotext und Kabeltext

Die neue Nachrichtentechnik bietet aber noch zwei weitere erwähnenswerte Möglichkeiten, das ist zunächst die *Übertragung von Textseiten im normalen Fernsehsignal,* Videotext genannt. Der Elektronenstrahl, der in den Fernsehröhren das Bild auf den Schirm zeichnet, benötigt eine kleine Zeitspanne zum Rücksprung, in dieser Zeit kann man Digitalsignale senden, die ein Dekoder dann in den ursprünglichen Text übersetzt und, wenn dieser Dienst gewählt wird, auf den Schirm schreiben läßt. Wenn man zweitens aber beim

Kabelfernsehen einen ganzen Kanal mit Textseiten füllt, ergibt sich ein recht leistungsfähiges Textübertragungssystem, Kabeltext genannt.

Veränderte Wirklichkeit

Die neue Nachrichtentechnik bietet heute, in naher Zukunft und in den nächsten Jahrzehnten eine Fülle von Möglichkeiten, die wahrscheinlich unsere Wirklichkeit in ähnlichem Maße verändern wird wie Telefon und Fernsehen. Dies wird unsere Arbeitswelt, unser Bildungssystem und die Unterhaltungsmöglichkeiten gleichermaßen betreffen. Kommunikation heißt eigentlich Teilhabe. Technische Kommunikation kann uns an sehr viel mehr Zusammenhängen und Ereignissen teilhaben lassen. Die Kehrseite ist, daß alles Geschehen sich immer mehr vernetzt.

Friedrich Weltz

Arbeit im Büro der Zukunft

Die technischen Möglichkeiten und ihr Einfluß auf die Büroarbeit

Eine Autofahrt im Nebel

Der Versuch, die Arbeit im Büro der Zukunft zu beschreiben, ähnelt ein wenig einer Autofahrt im Nebel: Man sieht die Instrumente des Autos genau, den Tachometer, Tankanzeiger; die Straße aber ist nur in Umrissen zu erkennen.
Die wohl nachdrücklichste Erfahrung, die man bei Gesprächen mit Experten über dieses Thema macht, ist die *Präzision,* mit der sie die *Technik* schildern, die für das Büro der Zukunft bereitsteht, und zugleich die Unbestimmtheit und *Blässe* der Aussagen darüber, *wie die Arbeit* dann *aussehen* werde. Dieser seltsame Widerspruch ist natürlich nicht zufällig – er ist vor allem darauf zurückzuführen, daß noch weitgehend offen ist, *wie* diese Technik eingesetzt wird.
Dieser Umstand macht rein technikbezogene Aussagen problematisch – weil sie eine *Determiniertheit vorspiegeln,* die de facto nicht existiert, und zu Verallgemeinerungen verleiten, die nicht zulässig sind. Und doch müssen wir uns zunächst an die Technik halten, wenn wir über die Arbeit im Büro der Zukunft sprechen wollen: Ihr Einsatz ist es ja, durch den sie sich von der Situation heute unterscheiden wird.

Welche Technik wird zur Verfügung stehen?

Es ist hier nicht möglich, im *einzelnen* zu beschreiben, welche Technik dies sein wird; allein die Beschreibung des bereitstehenden Arsenals würde den hier zur Verfügung stehenden Rahmen sprengen. Deshalb nur eine *summarische Zusammenfassung der wichtigsten Merkmale:*

- Technik wird an (fast) *jedem Arbeitsplatz* zur Verfügung stehen.
- Diese Technik wird meist *multifunktional* sein, das heißt verschie-

dene Funktionen (schreiben, rechnen, kommunizieren, ordnen, ablegen) können mit *einem* Gerät ausgeführt werden.

- Diese Technik wird *intelligent* sein, das heißt der Bearbeiter wird die Nutzung der Technik (in bestimmten Grenzen) selbst gestalten können.
- Die Technik wird *vernetzt* sein, das heißt jeder Arbeitsplatz wird mit einem Großteil der anderen Arbeitsplätze des Unternehmens und auch externen Stellen über die Technik verbunden sein.
- Über die Technik ist der *Zugriff auf zentrale Leistungen* (Rechnungszentrum, Dienste des Bildschirmtextes usw.) möglich.

Wie könnte eine Arbeitssituation in etwa fünf Jahren aussehen, wenn wir diese Technik sozusagen beim Worte – oder besser vielleicht beim Chip nehmen.

Zwei Stunden im Büro der Zukunft . . .

Arbeitssituation A:
Abteilungsleiter Verkaufsabteilung

9.00 Arbeitsbeginn.

9.05 Gibt Passwort in sein multifunktionales Bürosystem ein, dessen Bildschirm und Bedienungskonsole in seinem Schreibtisch eingelassen sind.

9.07 Sieht in seinem elektronischen Briefkasten nach, welche Nachrichten über Nacht eingetroffen sind und stellt fest, daß lediglich einige unwichtige Mitteilungen von Kollegen, mehrere Rundbriefe und einige Anforderungen der zentralen Abteilung für Personalstatistik vorliegen.

9.15 Sieht in seinem elektronischen Terminkalender und in seinem elektronischen Notizbuch nach, was für heute ansteht: eine Telekonferenz mit seinen Kollegen in Niederlassungen in Hamburg, Düsseldorf und Frankfurt, mit der Erinnerung, daß für diese Konferenz die Verkaufszahlen der letzten Wochen den Partnern überstellt werden sollen.

9.25 Stellt diese über sein Bürosystem zusammen. Wirft bei dieser Gelegenheit einen Blick auf die Verkaufszahlen des Vortags, stellt fest, daß die Filiale in Nürnberg ungewöhnlich hohe Verkaufszahlen meldet – gibt eine Erinnerungsnotiz in sein System ein, dort nachzufragen.

9.37 Setzt die abgerufenen Zahlenwerte in graphische Darstellung um, unter Benutzung eines einprogrammierten Standardprogramms und

9.45 sendet sie – über das integrierte Kommunikationsnetz – an die Konferenzpartner sowie noch an einige Zentralabteilungen ab; das kostet ihn einen Knopfdruck – der Verteiler ist vorprogrammiert.

9.51 Anfrage der Geschäftsstelle des kaufmännischen Vorstandes – sein System signalisiert diese durch ein optisches Signal: Aufforderung zur Klärung der aus dem Rahmen fallenden Verkaufszahlen in Nürnberg; ob die Notwendigkeit einer Revision der Plandaten vorliege?

9.53 Gespräch über Bildtelefon mit dem Filialleiter Nürnberg – Klärung der Ursachen.

9.59 Gibt eine kurze Notiz an die Geschäftsstelle „Verkauf" ein mit der angeforderten Erklärung.

10.11 Konferenzschaltung mit den fünf Sachbearbeitern seiner Abteilung – Nachfrage nach besonderen, aus dem Rahmen fallenden Verkaufswerten des Vortags, die deren Detailanalyse ergeben haben.

10.19 Wird unterbrochen durch eine Mitteilung der Geschäftsstelle „Verkauf" – wiederum angekündigt durch ein optisches Signal – mit der Anweisung, die Plandaten für den Artikel 13100 nicht nur für Nürnberg, sondern auch für alle Filialen in Städten zwischen 300000 und 600000 Einwohnern um 5% nach oben zu revidieren.

10.23 Übermittelt – wieder über Konferenzschaltung – die entsprechenden Anweisungen an seine Mitarbeiter.

10.35 Gibt eine kurze Notiz über die Angaben des Filialleiters Nürnberg für die Zentralabteilung „Marktanalyse" ein.

10.47 Geht zum Kaffeetrinken in das Kommunikationszentrum seiner Hauptabteilung, unterhält sich dort mit zwei Kollegen.

10.57 Begibt sich zum Telekonferenzraum.

11.00 Beginn der Telekonferenz.

. . . und zwei Stunden daheim

Arbeitssituation B:
Hausarbeit

17.00 Nachdem er um 16 Uhr nach einem Sechs-Stunden Arbeitstag in der Hauptverwaltung eines Verkaufsunternehmens gearbeitet hat, stellt Herr X. sein Fernsehgerät auf Bildschirmtext ein.

17.05 Schaut in seinem Briefkasten nach, welche Post eingetroffen ist: von seiner Versicherung, den Reisebüros, sowie einem Versandunternehmen.

17.15 Sieht in seinem elektronischen Notizbuch, daß die Anmeldung zum TÜV fällig ist, daß am nächsten Sonntag Muttertag ist und daß an demselben Wochenende seine Nichte Claudia konfirmiert wird.

17.21 Ruft die Nachricht des Versicherungsunternehmens ab: bei dem Antrag auf Veränderung seiner Hausratsversicherung sei ihm wohl ein Eingabefehler unterlaufen, die angegebene

Summe für Wertgegenstände und Bargeld würde durch den Tarif E 70 nicht gedeckt, man bitte um Mitteilung.

17.29 Ruft die Tarifübersicht des Versicherungsunternehmens auf, vergleicht diese dann noch mit den Tarifen eines Konkurrenzunternehmens und entscheidet sich dann für den Tarif E 75.

17.53 Eingabe: Mitteilung an Versicherung.

17.57 Ruft die Nachricht seines Reisebüros auf: Das von ihm gebuchte Doppelzimmer auf Teneriffa sei nun doch nicht erst zum 1. 7. frei, sondern schon, wie eigentlich gewünscht, am 23. 6. Ob er die zusätzliche Woche buchen möchte?

18.03 Gibt die Bestellung für die zusätzliche Woche auf Teneriffa ein.

18.09 Ruft die Nachricht des Versandunternehmens ab: Seine Reklamation für die Bestellung vom 13. 5. könne leider nicht berücksichtigt werden, die falsche Größe der bestellten Schuhe sei eindeutig auf einen Eingabefehler seinerseits zurückzuführen.

18.14 Gibt eine Nachricht an seinen Rechtsanwalt ein; übersendet zugleich seinen Brief und die Antwort des Versandunternehmens; den Bestellvorgang kann er nicht mehr in seinem System ausfindig machen.

18.31 Meldet einen Termin zur Inspektion bei seiner Kfz-Werkstatt an.

18.37 Meldet einen Termin beim TÜV an.

18.41 Bestellt bei Fleurop ein Blumengebinde für seine Frau und seine Mutter zum Muttertag.

18.51 Ruft den Katalog des Juweliers A.B. auf – entscheidet sich für einen herzförmigen Anhänger aus Platin für 198,50 DM für Claudia.

18.58 Sieht seinen Kontostand nach.

19.00 Gibt die Bestellung für Claudias Anhänger ein.

Die Neue Technik erlaubt, Büroarbeit zu verlagern

Zwei Arbeitssituationen – jeweils zwei Stunden Umgang mit Technik. So utopisch diese Beschreibungen anmuten mögen, zumindest von der Technik her sind sie realisierbar. Nichts was nicht heute schon zur Verfügung stünde, keine Anwendung, die von den Entwicklern der Technik nicht eingeplant wäre.

Die Auswahl der Beispiele mag exotisch erscheinen. Handelt es sich beim Umgang mit Bildschirmtext am heimischen Fernseher tatsächlich um Büroarbeit?

Natürlich handelt es sich dabei nicht um „Büroarbeit“, sie findet ja zu Hause statt und sie wird auch nicht bezahlt. Sie ist auch nicht „Heimarbeit“ – das heißt ausgelagerte, bezahlte Büroarbeit. Und doch handelt es sich um „Arbeit“, die heute noch in Büros geleistet wird; Ar-

beiten, die *vom Kunden* einerseits, von der Technik andererseits *übernommen* werden und die nun *im Büro wegfällt:* die Beantwortung von schriftlichen und telefonischen Anfragen, Bearbeitung von Bestellungen usw. „Büroarbeit" wird schon in wenigen Jahren grundsätzlich anders sein: nicht nur in ihrem Inhalt, sondern auch wo, wann und von wem sie erbracht wird.
Die neuen Technologien ermöglichen eine *örtliche Abkoppelung:* Es spielt bei der Kooperation keine Rolle mehr, ob man Tür an Tür sitzt oder in einem anderen Ort. Es bedarf nicht mehr des persönlichen Kontakts, die Technik besorgt dies. Die Übermittlung der Arbeitsergebnisse geschieht im „System" – gleich, ob man im selben Bürogebäude sitzt oder zu Hause; die Telekonferenz bringt Teilnehmer aus verschiedenen Ländern zusammen, ohne daß sie mehr als ein paar Zimmer weiter gegangen wären.
Die neuen Bürotechnologien ermöglichen auch eine *zeitliche Abkoppelung:* die Erledigung einer Arbeitsleistung und ihre Verarbeitung können zeitlich getrennt erfolgen und dies kann vorprogrammiert werden. Schließlich wird durch die neuen Bürotechnologien ein *Transfer der Leistungserbringung* möglich: In der Bedienung der Geldautomaten übernimmt der Bankkunde die früher mit Abheben am Schalter erbrachten Dienst- und Verwaltungsleistungen zum großen Teil selbst.

Büroarbeit in Zukunft vorwiegend Arbeit mit der Technik

Diese Abkoppelungs- und Transfermöglichkeiten eröffnen ungeheure Gestaltungsspielräume – ein Grund, warum es so schwierig ist, über *die* Arbeit im Büro der Zukunft allgemeine Aussagen zu machen.
Allerdings, eine Reihe von Grundtendenzen sind doch erkennbar, was die Nutzung dieser Technik betrifft, dies machten die beiden geschilderten Arbeitssituationen schon deutlich:
1. Büroarbeit wird überwiegend Arbeit mit Technik sein
Nach Expertenschätzungen werden im Büro der Zukunft zwischen 50 und 80% der Arbeitszeit Arbeit mit oder an Bürotechnologien sein. Für den Charakter der Büroarbeit, für die abgeforderten Qualifikationen, für die auftretenden Beanspruchungen werden sich daraus tiefgreifende Veränderungen ergeben. Prägend für die Arbeit wird dabei nicht allein sein, welche Technik eingesetzt wird und wie ihr Leistungsspektrum aussieht, sondern vor allem, wie der *Zugriff* auf dieses Leistungsangebot gestaltet ist.
Als *Grundtendenzen* zeichnen sich dabei ab:
– *Vereinfachung der Bedienung,* sei es durch Automatisierung der Eingabe (Belegleser), durch die Tastaturgestaltung, durch neue Eingabeformen wie Spracheingabe, Eingabe über die Bildschirmoberfläche (Lichtgriffel usw.) oder neuartige Hilfsmittel („Maus") und schließlich durch selbsterklärende Bedienerführung.

- *Flexible Nutzung,* örtlich (zum Beispiel tragbare Geräte), zeitlich (zum Beispiel Eingabe tagsüber, Weiterleitung nachts) oder inhaltlich (das heißt Möglichkeiten zur individuellen Gestaltung der Systemnutzung).
- *Große Nutzungsbreite,* das heißt multifunktionale Nutzung der einzelnen Zugangsstationen (etwa Schreiben, Rechnen, Kommunizieren an einer Arbeitsstation) von einer relativ einfachen Basisnutzung bis zu einer sehr komplexen – und unter Umständen auch komplizierten – Vollnutzung.
- *Selbsterklärende Nutzung,* das heißt, es bedarf keiner besonderen technikbezogenen Kenntnisse – etwa die Beherrschung einer Programmiersprache –, um das Leistungsangebot der Technik auf die jeweilige Arbeitsaufgabe anzuwenden.

Die Nutzung des Systems wird also von der Technik zeitlich und örtlich flexibel, ohne spezifische Qualifikationen, das heißt *ohne Zwischenschaltung von Experten,* ermöglicht. Theoretisch wäre also von jedem Büroarbeitsplatz jederzeit das volle Leistungsangebot des Bürosystems abrufbar, ja dieser Zugriff könnte auch von außerhalb erfolgen.

Aus dieser Erleichterung des Zugriffs jedoch zu folgern, daß jeder alles machen kann, wäre naiv. Natürlich wird es *Einschränkungen* geben: Regelungen, wer über welche Informationen verfügen darf, wer welche Informationen geben darf. Wie diese Regelungen aussehen, davon wird wesentlich abhängen, wie sich die Technik auf die Arbeit auswirken wird.

Ohne Systemverständnis geht es nicht

2. Die Büroarbeit der Zukunft erfordert neue Qualifikationen

Die neuen Bürosysteme erfordern, dem Maschinenschreiben vergleichbar, die *motorische Fertigkeit,* die Tasten richtig zu bedienen. Der Vergleich mit dem Maschinenschreiben ist aber nur begrenzt richtig. Es geht nicht nur um die Fertigkeit, Buchstaben oder Zahlen rasch und ohne Fehler einzugeben. Es geht auch um *Kommandos:* Informationen abrufen, versenden, verändern (etwa in Graphiken, Tabellen), abspeichern etc. Sicher ist ein Teil der Funktionstasten, durch die Kommandos ausgelöst werden, durch ihre Beschriftung eindeutig gekennzeichnet; viele Funktionen beinhalten aber die Abfolge mehrerer Kommandos und verlangen somit ein gewisses Systemverständnis. Zwar werden die Systeme durch ihre „Bedienerführung" es auch dem Laien möglich machen, sie zu nutzen. Eine rasche und wirklich optimale Nutzung wird sich aber immer erst bei entsprechender Systemvertrautheit einstellen. Diese erfordert nicht nur gründliche Einarbeitung – wobei diese großenteils im Selbstlernverfahren im Dialog mit dem System erfolgen wird –, sondern auch *kontinuierlichen Umgang* mit dem System, wegen des notwendigen

Übungsnutzens und der Stützung der Merkfähigkeit. Jedem sind ja die Schwierigkeiten vertraut, die uns schon etwas kompliziertere Operationen am Taschenrechner stellen, wenn wir sie ein paar Wochen nicht mehr ausgeführt haben.
Die Fähigkeit, das System zu bedienen, stellt jedoch nur eine *Basisqualifikation* dar. Besonders wichtig ist die Fähigkeit zur *Systemnutzung,* das heißt das Leistungsangebot der Bürotechnologien auf die jeweils gestellten Arbeitsaufgaben anzuwenden.
Dies stellt neuartige und erhöhte Anforderungen an die Arbeitssystematik: zum Beispiel konsequentes Erarbeiten und Einhalten von systematischen Zuordnungs- und Ablagekriterien oder der Abfolge von Arbeitsschritten. Ein Zettel, eine Adresse, die „unsystematisch" sich auf dem Schreibtisch verirrt hat, ist im Regelfall durch einiges Suchen aufzustöbern. Eine Notiz, eine Adresse unzutreffend im System abgespeichert, ist nur schwer wiederzufinden.
Neue Anforderungen werden auch an die *zeitliche Gestaltung* der Arbeit gestellt: rasches Reagieren, genaues Einhalten von Terminen.
Die Aufgabenstrukturierung und Arbeitsorganisation, die heute von den DV-Leuten oder anderen Spezialisten implizit oder explizit geleistet wird, kann vom jeweiligen Bearbeiter selbst übernommen werden. Dabei kommt es darauf an, fachliche Probleme „systemgerecht" zu strukturieren; das muß nicht die Übersetzung in eine DV-Sprache beinhalten, aber doch in Arbeitsschritte und Kategorien, die vom System übernommen und bewältigt werden können. Wesentliche Voraussetzung dazu wird die Fähigkeit zum *Erfassen abstrakter Zusammenhänge* sein.
Nehmen wir als banales *Beispiel* die Erstellungen von *Graphiken.* Mit der systemunterstützten Graphikerstellung verringern sich zwar die „handwerklichen" Anforderungen, so daß sie praktisch von jedermann zu erfüllen sind, es bleibt aber die Aufgabe der Transformierung statistischer oder abstrakter Zusammenhänge in bildliche Darstellung. Die dazu notwendige analytische und strukturierende Leistung ist nicht jedermanns Sache – um nicht zu sagen ein ausgesprochener Schwachpunkt vieler formal „hochqualifizierter" Bearbeiter. Zusammenfassend auf eine etwas vereinfachende Formel gebracht: Gerade die Erleichterung in der Systembedienung erfordert beim Anwender zusätzliche und breiter gestreute Qualifikationen zur Systemnutzung.
All diese „systembezogenen" Qualifikationen stellen sozusagen eine *Grundqualifikation für jede Form der Büroarbeit* dar – vergleichbar etwa der Beherrschung einer Sprache, wenn man im Ausland arbeitet. Nur wer diese Sprache beherrscht, kann mitarbeiten oder es bedarf eines Dolmetschers, und Dolmetscher sind in den Zukunftskonzeptionen der meisten Hersteller und Büroorganisatoren nicht vorgesehen.

Weniger Belastung durch Monotonie

3. Die Arbeit mit den Bürotechnologien bringt neue Beanspruchungen
Mit den neuen Qualifikationen ist zugleich schon die Richtung angezeigt, in der sich die Beanspruchungen entwickeln werden. Beanspruchungen, die für viele Büroarbeitsplätze heute kennzeichnend sind, werden an Bedeutung verlieren. Zumindest quantitativ abnehmen dürften – und dies mag angesichts der heute überwiegenden Auswirkungen der Bildschirmarbeit überraschen – Belastungen durch Monotonie, wie wir sie heute in der Datenerfassung, zentralisierten Schreibdiensten und bestimmten Formen standardisierter Sachbearbeitung kennen, ganz einfach, weil diese Arbeiten von der Technik übernommen werden – etwa durch Belegleser oder weil sie nicht mehr ausschließlich, sondern mit anderen Tätigkeiten verbunden ausgeführt werden.

Abnehmen werden tendenziell auch andere klassische Symptome *tayloristischer,* das heißt stark arbeitsteiliger Arbeitsgestaltung: fehlender Überblick über in sich abgeschlossene Teilaufgaben und, daraus folgend, fehlender inhaltlicher Bezug zu Arbeitsaufgaben.

Verallgemeinernd ließe sich zusammenfassen, daß tendenziell jene Beanspruchungen *abnehmen,* die sich aus einer *organisatorischen Determiniertheit* der Arbeit ergeben: aus starrer Arbeitsteilung sich ergebende Reduzierung auf eine begrenzte Anzahl gleichförmiger Arbeitsoperationen.

Dieser organisatorischen Determiniertheit könnte man eine *Technik-Determiniertheit,* die neuartige Beanspruchungen mit sich bringt, gegenüberstellen.

Der Preis ist verstärkte Disziplin und Dauerkonzentration

Insgesamt bewirken ja die neuen Bürotechnologien nicht nur eine Beschleunigung, sondern auch eine Verdichtung der Büroarbeit. Das Leistungsangebot des Systems ist sozusagen dauernd präsent. Nebenarbeiten, Wartezeiten fallen weg. Unmittelbares Reagieren auf ankommende Informationen, konzentriertes *Handling* der verschiedenen Funktionen, Systematik in Vorgehen und Zeitmanagement werden verlangt; wir haben sie als Qualifikationen bereits kennengelernt.

Die Bürotechnologien erleichtern zwar die Bewältigung der anfallenden Aufgaben, sie machen Büroarbeit aber sicherlich nicht „leichter". Sie nehmen Arbeit ab, aber der Preis ist Disziplin und Dauerkonzentration.

Konzentrationsintensive und konzentrationsarme Arbeitsabschnitte

wechseln nicht mehr, wie bei den heutigen Bürotätigkeiten, einander ab. Das ständig bereite Leistungsangebot des Bürosystems, der kontinuierlich von außen ankommende Informationsfluß fordern zum kontinuierlichen Agieren und Reagieren heraus. Erholungsmöglichkeiten, die heute fast jede Bürotätigkeit zwischendurch immer wieder bietet – das Einordnen von Papieren, der Gang zum Fotokopierer usw. – verschwinden.
Intensiviert wird die Beanspruchung auch durch die *Gleichartigkeit der Anforderungen.* Das Leistungsangebot der Bürotechnologien bewirkt, daß heute sehr unterschiedliche Tätigkeiten – das Erstellen von Texten, Graphiken, Tabellen, das Übermitteln von Informationen, die Bearbeitung von Dateien bis hin zur Teilnahme von Konferenzen – einander ähnlich werden. Gemeinsam ist ihnen allen ja das Arbeitsmittel: der Bildschirm als „Fenster zum Computer".

Die Gefahr der sozialen Isolation

Die Technisierung der Büroarbeit führt zu einer weiteren Gefahr, die wir heute in ihrer Tragweite noch kaum überblicken und der zu begegnen besonderes Gewicht beigemessen werden muß: der sozialen Isolation. „Kommuniziert" wird fast ausschließlich über technischen Medien. Die *persönliche* Kommunikation *unmittelbar* von Person zu Person, von Angesicht zu Angesicht tritt demgegenüber zurück. Dies bedeutet weniger persönliche Kontakte, Nähe, Unmittelbarkeit. Die vermittelnden technischen Medien strukturieren nicht nur Kontakte, engen deren Bandbreite ein, sie reduzieren eben jene Spontanität, Unmittelbarkeit, die gerade als Kompensation der sonst erforderlichen Arbeitsdisziplin besonders wichtig wäre.
Hinzu kommen andere Beanspruchungsmomente, wie wir sie heute schon als Folge der Bildschirmarbeit kennen: *Bewegungsarmut, einseitige statische Belastungen,* Beanspruchung der *Augen* usw., die *Kontrollierbarkeit* nicht nur der Arbeitsergebnisse, sondern auch der Arbeitsdurchführung; die „Entstofflichung" der Arbeit, das heißt Arbeitsergebnisse dokumentieren sich nicht mehr anschaulich, sozusagen anfaßbar. Fleiß, Tüchtigkeit schlagen sich bestenfalls noch statistisch nieder. Die resultierenden *Motivations- und Orientierungsschwierigkeiten* zeichnen sich bereits an vielen computerisierten Arbeitsplätzen ab.

Wer bleibt beim Übergang zum Büro der Zukunft auf der Strecke?

4. Verschiedene Qualifikationsgruppen werden sehr unterschiedlich von dem Umstellungsprozeß betroffen sein
Dramatischer noch als die Spekulationen darüber, wie sich die Arbeit

im Büro verändern wird, sind Überlegungen, *welche Arbeiten* es im Büro der Zukunft *nicht mehr geben* wird, weil sie von der Technik übernommen werden. Vor allem mit Blick auf die *Auswirkungen auf den Arbeitsmarkt* ist dies wichtig.
Rekapitulieren wir kurz die *Tätigkeiten,* die *am stärksten* vom Technikeinsatz *betroffen* sein werden:

- Stark reduziert werden reine *Erfassungs- und Eingabetätigkeiten,* wie sie heute etwa in Datenerfassungsabteilungen geleistet werden. Belegleser, die Reduzierung der „Mediensprünge", etwa von Papier ins EDV-System usw., werden das Volumen der manuell einzugebenden Daten stark schwinden lassen. Der verbleibende Rest wird weitgehend vom jeweiligen Sachbearbeiter miterledigt.
- Maschinisiert werden Bearbeitungsgänge, die *in gleicher Weise nach festen Regeln* vorgenommen werden; typisches Beispiel: die Berechnung von Löhnen und Gehältern, von Renten.
- Maschinisiert wird ebenfalls die Erstellung von *Standardtexten,* das heißt Texten, die in gleicher Weise in größerer Zahl erstellt werden müssen: Bescheide, Beantwortung von Anfragen.
- Wesentlich erleichtert und beschleunigt wird die Erstellung von Graphiken, Tabellen, Korrekturen an nichtindividuellen Texten, die Durchführung von individuellen Rechenoperationen, die Zusammenstellung von Datenmaterial zu Statistiken, wie die Übermittlung von Informationen, das Speichern und wieder Abrufen von Daten.

Wer keine Lobby hat, wird eher überflüssig

Aus dieser Zusammenstellung ist unschwer abzulesen, welche Gruppen vor allem *Opfer* des Übergangs zum Büro der Zukunft sein werden:

- Erfassungs- und Eingabekräfte, zum Beispiel *Datentypistinnen,*
- *Schreibkräfte,* vor allem in Schreibdiensten, die Standardtexte erstellen,
- *Boten,*
- Sachbearbeiter, die *standardisierbare* Vorgänge bearbeiten.

Durchweg werden *eher gering qualifizierte* Arbeitskräfte betroffen, zum großen Teil *Frauen.*
Schwer abzusehen sind die Auswirkungen im oberen und vor allem dem mittleren Bereich der Qualifikationspyramide.
Quantitativ relativ *stabil* dürfte die Gruppe der *qualifizierten Sachbearbeiter* sein, deren Aufgaben nicht oder nur begrenzt standardisierbar sind: Einkäufer, Personalbetreuer usw. Erfahrungen in den USA weisen darauf hin, daß in zunehmendem Maße die Schicht der *mittle-*

ren Führungskräfte und auch Stabsabteilungen von der Technisierung der Verwaltung betroffen werden. Viele der Funktionen mittlerer Führungskräfte werden „automatisiert“: Die Ausübung der Arbeitskontrolle kann das „System“ ebenso übernehmen wie die Weiterleitung und Verdichtung von Informationen. Der gezielte Zugriff der oberen Führungsschicht auf Einzelinformationen wird ohne Einschaltung hierarchischer Zwischenstufen möglich sein.
In ähnlicher Weise können *Stabsabteilungen* betroffen sein, deren bisherige Arbeit vorwiegend in der Verdichtung und Ausbreitung von Informationen bestand. Diese können zum großen Teil von den Fachabteilungen wahrgenommen werden.
Wieweit und wo es tatsächlich zu einem Abbau von Führungskräften und Stabsfunktionen kommt, ist allerdings kaum vorherzusehen. Anders als bei den Datentypistinnen, Schreibkräften oder Routinesachbearbeitern handelt es sich hier ja nicht um vertretungsschwache Gruppen ohne betriebsinterne Durchsetzungsmöglichkeit und Lobby. Die Durchsetzung der Ausdünnung der Hierarchie ist ein unbequemeres und undankbareres Geschäft als die Reduzierung der „Basis“, ist ein Geschäft, von dem betriebliche Organisatoren gerne ihre Finger lassen.
Schwer prognostizierbar ist auch, wie *qualifizierte Sekretärinnen und Assistenzkräfte* betroffen sein werden. Folgt man den Zukunftsszenarien der Hersteller von Bürotechnologien, so ist nur noch für wenige von ihnen Raum in den Büros der Zukunft: Die Chefs werden durch die Technik unabhängig von Assistenzleistungen. „Selbst sei der Mann“. Hier melden sich aber Zweifel an. Wir brauchen uns nur an die Beschreibung „systemgerechter“ Qualifikationen erinnern. Jene Systematik und Arbeitsdisziplin, die der Umgang mit den neuen Bürotechnologien erfordert, ist nicht gerade die Stärke vieler Chefs und Spezialisten. Die Unterstützung durch eine Sekretärin dürfte dann eher noch wichtiger sein als heute.

Die hohe Flexibilität Neuer Technik erlaubt ein hohes Maß an Gestaltbarkeit der Zukunft

Sind wir bei unserer Beschreibung der Auswirkungen auf die Beschäftigungssituation, der zukünftigen Beanspruchungen und Qualifikationsanforderungen nun nicht selbst der Technikfaszination erlegen, vor der wir eingangs gewarnt haben? Schließlich waren ja unsere fiktiven Arbeitssituationen aus den Zielvorstellungen der Technikentwickler abgeleitet.
In der Tat ist es nun notwendig, Einschränkungen anzubringen. Wir haben bei unseren Zukunftsbetrachtungen die Technik beim Wort nehmen wollen, um Tendenzen und Gefahren zu beschreiben, die sich aus gewissen Grundeigenschaften dieser Technologien – man

könnte sagen aus ihrer *Leistungslogik* – ableiten lassen. Es gibt allerdings eine große Bandbreite, wie diese zum Tragen kommen kann.
Was „Arbeit im Büro der Zukunft" bedeuten wird, hängt nicht allein davon ab, mit welcher Technik man arbeiten wird, sondern wie diese Arbeit geregelt ist.
Die „neuen" Qualifikationen werden nur bei entsprechendem Einsatz der neuen Bürotechnologien abgefordert. Die „neuen" Beanspruchungen treten schwächer oder stärker auf, je nachdem, wie dieser Einsatz gestaltet ist:

- *Soziale Isolation* wird verstärkt oder gemindert, je nachdem, in welchem kooperativen Zusammenhang die neue Technik genutzt werden kann;
- die *Bedeutungsentleerung* wird verstärkt oder gemindert, je nachdem wie und zu welchen Informationen man Zugang hat, wie man diese verarbeiten kann;
- entsprechend werden auch die *Qualifikationsanforderungen* unterschiedlich sein.

Die Bürotechnologien der Zukunft zeichnen sich durch hohe Flexibilität ihrer Anwendbarkeit aus. Diese Flexibilität ist geradezu wesentliches Unterscheidungsmerkmal gegenüber den starren Rationalisierungsansätzen der vergangenen Jahrzehnte: etwa der Maschinisierung über die Groß-EDV, der an tayloristischer Gestaltungsvorstellungen ausgerichteten Arbeitsteilung, der Zentralisierung von Schreiben oder Datenerfassung.

Wer soll über welche Informationen wie verfügen können?

Zentrale Gestaltungsdimension wird dabei das „Informationsmanagement" sein: Wer kann über welche Informationen wie verfügen? Die neuen Bürotechnologien, die Vernetzung und die Ausstattung der Arbeitsplätze mit „intelligenten" Terminals schaffen ja völlig neue Möglichkeiten des Zugangs und der Verwertung von Informationen. Wir haben gezeigt, daß theoretisch denkbar ist, daß jede Information an jedem Arbeitsplatz abgerufen werden könnte. Natürlich wird solche Offenheit durch Restriktionen eingeschränkt. Die Regelung der Zugriffsmöglichkeiten wird eines der wichtigsten und folgenreichsten Instrumente zur Gestaltung der Büroarbeit sein.
Die Gestaltung dieses Informationsmanagements ist dabei weniger durch technikbezogene Notwendigkeiten bestimmt als durch die *betriebliche Arbeitsorganisation,* etwa das Maß an Selbständigkeit und Einfluß, das man einer Sekretärin, einem Sachbearbeiter, einem Vorgesetzten zuordnen will.
Ähnlich wie von der Arbeitsorganisation werden Formen des Tech-

nikeinsatzes auf die Personal- und Beschäftigungspolitik, die hierarchische Strukturierung, die Machtstrategien der Unternehmen bezogen sein, wie auch von überbetrieblichen Gegebenheiten, etwa sozial- und tarifrechtliche Regelungen:

- Die Entscheidung, in welchem Umfang *Heimarbeit* eingeführt wird, ist wesentlich eine Frage von Wirtschaftlichkeitsüberlegungen und sozialpolitischer Auseinandersetzungen.
- Das Ausmaß, in dem Dienst- und Verwaltungsleistungen auf den Kunden verlagert werden, wird von deren *Akzeptanz* einerseits, marktpolitischen Überlegungen andererseits entschieden werden.

Mit anderen Worten: die Arbeit im Büro der Zukunft wird zu großen Teilen Umgang mit Technik sein; wie sich dies aber im einzelnen auswirken wird, hängt nicht zuletzt von den Zielvorstellungen ab, die jene, die den Einsatz der Technik steuern, von dieser Arbeit haben.

Arndt Sorge

Auf dem Wege zur „automatisierten Fabrik“?

Industriearbeit unter den Bedingungen neuer Technik

Vor einer Polarisierung in der Verteilung beruflicher Qualifikationen?

Die Entwicklung menschlicher Arbeit schreitet voran. Dabei ist die Verteilung beruflicher Qualifikationen zentraler Gegenstand der Forschung im Hinblick auf technische Veränderung, Organisation und Ausbildung. Es ist überwiegend gesagt worden, daß im Zuge der technischen Veränderungen die Verteilung der beruflichen Qualifikationen eine Polarisierung erfährt. Hiernach konzentriert sich *anspruchsvolle Arbeit* stärker auf einen wachsenden Anteil an Managern, Ingenieuren, Arbeits- und Produktionsplanern, Meistern und kaufmännischen Angestellten, während *die meisten Arbeitsplätze* in der Produktion ihre *fachlichen Inhalte verlieren* [1]. Es wäre nutzlos, wenn die Wirkungen der technischen Veränderungen *als solche* ermittelt würden. Es ist nur sinnvoll, die Wirkungen der technischen Veränderungen zu erforschen, wenn die Einflüsse, die sich aus deren *sozioökonomischen Zusammenhängen* ergeben, deutlich herausgearbeitet werden [2].
In der Zwischenzeit ist das Feld der Anwendung der Informationstechnik und der Mikroelektronik so umfassend und diversifiziert, daß Erklärungen über ihre Auswirkungen auf *allgemeiner* Ebene mit Argwohn betrachtet werden müssen. Es ist erforderlich, sorgfältig zwischen den verschiedenen Zweigen der Wirtschaft und verschiedenen Anwendungsbereichen zu unterscheiden. Andererseits mag man entgegenhalten, daß es eine Logik der Anwendung der Mikroelektronik gibt, die sich nicht auf bestimmte Sektoren oder Wirtschaftszweige beschränkt. Arbeitsverfahren geben aber nicht die einzige Anwendungslogik wieder. Die Logik kann unterschiedlich sein, wenn die Mikroelektronik einen Teil der Erzeugnisse darstellt.

Die Anwendungsbereiche der Mikroelektronik bei industriellen Verfahren

Anwendungsbereiche bei industriellen Verfahren sind hauptsächlich:
- computer-numerisch gesteuerte Werkzeugmaschinen *(CNC-Maschinen)* als *vorherrschender* und wichtigster Anwendungsbereich in der Produktion;
- *Betriebsdatenerfassung* und *Arbeitsvorbereitung, Textverarbeitung* und *Mensch-Maschine-Dialog* am Computerterminal in Netzen mit geteilter Rechenkapazität oder verteilter Intelligenz;
- *rechnergestütztes Konstruieren (computer-aided design, CAD)*;
- flexibel automatisierte und frei programmierbare Handhabungs-, Schweiß-, Lackier-, Bestückungs- oder ähnliche Geräte *(Industrieroboter)*;
- *flexible Fertigungssysteme* als technisch verkettete Kombinationen verschiedenartiger numerisch gesteuerter Werkzeugmaschinen.

Was eine vergleichende Studie in Großbritannien und bei uns zutage brachte

Die hier vorgestellten Darlegungen wurden aus einer Studie entwikkelt, die von uns im *Internationalen Institut für Management und Verwaltung,* Forschungseinheit Arbeitsmarktpolitik, und im *Henley Management College* mit dem Ziel durchgeführt wurde, die Organisation und die Qualifikation bei der Anwendung von CNC-Werkzeugmaschinen in Großbritannien und in der Bundesrepublik Deutschland zu erforschen [3].
Wir gehen davon aus, daß die Analyse der CNC-Anwendung auch über die Metallbearbeitung hinaus von Bedeutung ist. Sie zeigt die Wirkungen der Technik unter den vorherrschenden sozioökonomischen Bedingungen, die allgemeiner und damit nicht auf die CNC-Maschinen beschränkt sind. Daher möchten wir einige vorläufige Verallgemeinerungen der vorhandenen Tatsachen anbieten.
Die CNC-Studie wurde nach Art der *matched-pair comparison* als Vergleich möglichst gleichartiger Betriebe in Großbritannien und der Bundesrepublik angelegt. Über die Ergebnisse des internationalen Vergleichs wird an dieser Stelle aber weniger berichtet. Die Auswahlkriterien wurden als Ergebnis von Explorativinterviews und Literatursichtung definiert. Das Ergebnis dieser Vorauswertung war, daß es offensichtlich *in entscheidendem Maße von der Losgröße der Fertigung abhängt,* welche Variante der CNC-Technik überhaupt zum Einsatz gelangen kann. Weiter ist vor allem die *Betriebsgröße* und damit der *Umfang der Programmiertätigkeiten* für die Frage der Aus-

wahl von CNC-Anwendungsvarianten entscheidend. Mit Losgröße wird die Anzahl der gleichen Teile bezeichnet, die nacheinander auf einer Maschine bearbeitet werden, bevor die Maschine auf ein anderes Teil umgestellt wird. Je höher die Losgröße, um so geringer ist die Umstellhäufigkeit von Werkzeugmaschinen auf andere Teile.

Betriebs- und Losgröße wurden vereinfacht gegenübergestellt, dichotomisiert: „klein“ heißt unter 100 Beschäftigte bzw. Teile/Los, „groß“ bedeutet über 1000 Beschäftigte bzw. Teile/Los. Hieraus folgt ein Vierfelderschema, dessen Zellen mit Betrieben gefüllt wurden. In jedem Land wurden sechs Betriebe untersucht, und zwar je vier Betriebe mit kleinen und zwei mit großen Losen sowie je drei Klein- und Großbetriebe. Es wurden Betriebe mit möglichst gleichartigen Produktionsverfahren ausgewählt, die dann jeweils nach Betriebsgröße gleichartig waren. Zusätzlich haben wir die Vergleichbarkeit bezüglich des Produktes insoweit gewährleistet, daß die produzierten Teile in der Teilefertigung vergleichbar waren.

Die Fallstudien bei den ausgewählten Betrieben bestanden aus fünf wesentlichen Elementen: Betriebsbesichtigung, Sammlung und Auswertung vorhandener Daten, Gespräch mit Entscheidungsträgern, Gespräch mit Belegschaftsmitgliedern, die von der Technik direkt betroffen sind, eventuelle Nachbefragung auf schriftlichem Wege.

Mit den verschiedenen Erhebungsinstrumenten wurden thematisch abgedeckt:

- Gründe für die Beschaffung bestimmter Maschinentypen und CNC-Varianten sowie Art des Entscheidungsverfahrens,
- Art und Änderung der Organisation des betrieblichen Ablaufs und Aufbaus, besonders im Hinblick auf die Arbeitsteilung bei NC-Programmierung, Programmänderung und -optimierung, Maschineneinrichten und Maschinenbetrieb,
- Qualifikation und Erfahrung der vom CNC-Einsatz direkt betroffenen Arbeiter und technischen Angestellten im Rahmen der gesamten Qualifikationsstruktur des Betriebes,
- Sichtweise der bei der CNC-Technik notwendigen und nutzbaren Fähigkeiten,
- Personalanteile von Berufs- und Qualifikationsgruppen, wo möglich im Laufe der CNC-Einführung,
- andere Daten des Betriebes (Arbeitgeber-/Arbeitnehmer-Beziehungen, Lohnform, „Betriebstradition“ zum Beispiel im Hinblick auf Personalpolitik, Produkte, Märkte und wirtschaftlich-technische „Philosophie“ oder übergeordnetes strategisches Konzept).

Je kleiner das Unternehmen und die Losgröße, desto ausgeglichener die Qualifikationsverteilung

Es verbietet sich, hier Ergebnisse detailliert darzustellen. Zusammengefaßt sehen sie für den CNC-Einsatz wie folgt aus: Für die

Frage der *Qualifikationsentwicklung an Maschinenarbeitsplätzen* kommt es offensichtlich erheblich auf Losgröße und Betriebsgröße an. Weiterhin scheint die CNC-Technik die *Handlungsmöglichkeiten der Entscheidungsträger* bezüglich arbeitsorganisatorischer Gestaltung zu erweitern, was zur Folge hat, daß in vielen Fällen unternehmensübliche Strategien weiter fortbestehen werden. Wie sich die Qualifikationsstruktur entwickelt, hängt weitgehend von der Zuordnung von Programmierungs- und Einrichtetätigkeiten ab. Je nachdem, wie groß das Ausmaß an Arbeitsteilung im Bereich Programmerstellung und wie das Maschineneinrichten von der Bedienung der Maschine abgetrennt ist, entscheidet sich, wie qualifiziert der Maschinenbediener, der Einrichter oder der Arbeitsvorbereiter sein muß.
Dabei reicht die Spannweite von der weitgehend arbeitsteiligen Erledigung der arbeitsvorbereitenden Tätigkeiten, das heißt, daß getrennte Personen Arbeitspläne und Maschinenprogramme erstellen, die Maschinen einrichten und die Maschinen bedienen, bis hin zur weitgehenden Einheitlichkeit der Arbeitserledigung, wie sie in der Einzelfertigung oder im Werkzeugbau weitgehend üblich ist. Typische Unternehmen sind dann so einzuordnen [4] *(siehe Abbildung 1).*

Abbildung 1: Polarisierung von Qualifikationen und Bürokratisierung der Programmierung bei Verwendung der CNC-Steuerung

		Betriebsgröße → Bürokratisierung der Programmierung gering	 stark
Losgröße ↓ Polarisierung von Tätigkeiten und Qualifikationen	gering	Programmierung mit starker Einbeziehung der Bediener, kleine oder fehlende Programmierabteilung	Programmierung eher in der Hand eines Programmierungs-/Planungsbüros, aber Qualifikationen von Bedienern und Planern überlappend
	stark	Programmierung durch Einrichter, Meister oder Programmierer; Programmieren und Einrichten weitgehend integriert	Programmierung erfolgt in der Programmierungs-/Planungsabteilung, Arbeitsteilung zwischen Bedienern, Einrichtern und Programmierern

Je kleiner das Unternehmen und die Losgröße sind, desto ausgeglichener ist die Qualifikationsverteilung, da die Arbeitsteilung im Bereich der Programmerstellung geringer ist. Im Einzelfall kann jedoch eine *Unternehmensstrategie* oder auch gegebenenfalls eine Abteilungsstrategie oder die eines Abteilungsleiters so weit durchschlagen, daß von diesem Schema *abgewichen* wird.
In der derzeitigen ökonomischen Situation der Bundesrepublik Deutschland ist ein Trend in Richtung auf kleinere Losgrößen zu beobachten. Wenn es hierfür auch statistisch kaum Indikatoren gibt, so ist dies ziemlich einhellige Meinung unter den betroffenen Unternehmen. Damit dürfte die eher angemessene Art der Arbeitsorganisation eine weniger arbeitsteilige sein. Dieses auf den ersten Blick unscheinbare Ergebnis bedeutet immerhin eine Abkehr von Denkgewohnheiten, die die Zukunft eher in arbeitsteiligerer Organisation mit polarisierter Qualifikationsverteilung sahen.

Eine Rücknahme zu großer Arbeitsteilung?

Frühere Phasen der Automatisierung wie die Einführung der NC-Technik bedeuteten zugleich einen Schritt in Richtung auf eine weitergehende Arbeitsteilung hin [5]. Hier haben sich Änderungen durch die CNC-Technik ergeben. Sie dringt immer mehr in Bereiche vor, in denen wegen der vorherrschenden Kleinserien- und Mittelserienfertigung bislang Facharbeiter eingesetzt wurden. Dadurch, daß die Maschinen leichter programmierbar geworden sind und demzufolge ein großes Maß an Programmierkenntnissen nicht mehr erforderlich scheint, können diese Facharbeiter auch eher die Erstellung oder Änderung von Maschinenprogrammen selbst übernehmen. Damit eröffnet sich hier eine Möglichkeit, die Arbeitsteilung gegenüber der traditionellen NC-Technik zurückzunehmen und zu einer Arbeitsteilung zu kommen, die die Vereinigung von Arbeitsplanung, Einrichten und Bedienen betont.

Somit Facharbeiterqualifikationen wieder stärker gefragt?

Dies bedeutet aber auch, daß die Facharbeiterqualifikationen wieder stärker gefragt sind. Damit soll nicht gesagt werden, daß Facharbeiter bisher nicht gesucht wurden. Wenn aber Facharbeiter an NC-Maschinen beschäftigt werden, die in traditioneller Weise hochgradig arbeitsteilig eingesetzt sind, dann wird die fachliche Qualifikation des Facharbeiters dort wenig oder kaum gefordert. Vielmehr werden in diesem Fall solche Qualifikationen wie Zuverlässigkeit oder Erfahrung im Umgang mit Metallen genutzt, um die Verfügbarkeitsraten der Maschine zu erhöhen, nicht aber für die Steuerung des Produk-

tionsvorgangs. Der Facharbeiter wird dabei an einem Arbeitsplatz eingesetzt, der eigentlich für ungelernte Kräfte geeignet ist, aber wegen des hohen Maschinenstundensatzes durch einen qualifizierten Facharbeiter besetzt wird. Das Ergebnis einer solchen Unternehmensstrategie kann dann sein, daß starke Fluktuation an derartigen Arbeitsplätzen vorherrscht, da die dort eingesetzten Facharbeiter sich entweder langweilen oder aber merken, daß sie ihrer Qualifikation verlustig gehen, wenn sie zu lange an einem derartigen Arbeitsplatz arbeiten.
Die CNC-Technik scheint die Entscheidungslage zu verändern. Wenn die vorherrschende Tendenz in Richtung auf mehr Klein- und Mittelserien geht und hier verstärkt CNC-Maschinen eingesetzt werden, dann bedeutet dies nicht, daß die Arbeitsteilung in gleichem Maße verstärkt wird, sondern eher, daß Arbeitsteiligkeit zurückgeht. Dies bedeutet nicht, daß auch in Kleinbetrieben die berufliche Differenzierung nicht weiter zunimmt. Jedoch scheint diese nur in dem Maße weiterhin zu funktionieren, wie die Überlappung differenzierter Qualifikationsgruppen in Arbeitsaufgaben und beruflicher Laufbahn zumindest nicht reduziert wird.
Nationale Unterschiede hinsichtlich Organisation und Qualifikation zwischen der deutschen Tradition und Großbritannien bestehen in neuer Form weiter. Die schmalere Facharbeiterbasis in Großbritannien führte zu zögerndem Eingehen auf Bediener- und Werkstattprogrammierung, und die stärkere Trennung zwischen Funktionen und Laufbahnen der Fertigungsleitung und Fertigungstechnik in Großbritannien bewirkt, daß dort Vorarbeiter und Meister in geringerem Maße als in der Bundesrepublik Deutschland an CNC-Programmierung und Programmänderung teilnehmen. Daß damit aber auch zugleich die qualifikationserhaltenden Arbeitsbestandteile aus den Arbeitsprozessen herausgenommen werden und die Facharbeiterbasis wieder schmaler wird, liegt auf der Hand.
Derartige Unterschiede belegen die Gestaltbarkeit von Entwicklung und Anwendung neuer Techniken. Ein zentrales Ergebnis ist die Existenz von *Qualifikationsspielräumen,* die durch eine Vielfalt verschiedener Strategien ausgefüllt werden. Solche Strategien können betrieblicher, unternehmens- oder branchenspezifischer, nationaler aber auch rein abteilungsindividueller Art sein.

Die Vision einer „automatischen Fabrik" beruht auf einer falschen Trendinterpretation

Es ist nicht schwer, eine Entwicklungslogik zu konstruieren, die die Evolution in Richtung auf einen Produktionsprozeß erkennbar werden läßt, der in zunehmendem Maße automatisiert wird und letzten Endes in der „automatischen Fabrik" seinen Höhepunkt findet. Dies ist oft als höchster Stand der industriellen Leistungsfähigkeit Japans

herausgestellt worden. Aber im großen ganzen sind *japanische Fabriken* nicht notwendigerweise stärker automatisiert als die europäischen und ihre Automatisiertheit erklärt weniger den Wirtschaftserfolg als die Organisation und Qualifikation der Arbeitskräfte [6].
Die Nützlichkeit hochautomatisierter Fertigungssysteme ist aber auch in Frage gestellt worden. *Blumberg* und *Gerwin* zeigen für den Fall flexibler Fertigungssysteme, daß diese sich als zu komplex herausstellen könnten, um effektiv und fehlerfrei arbeiten zu können. Es könnte schwierig sein, sie wirtschaftlich arbeiten zu lassen [7]. Sie empfehlen sich nicht für eine breitere Anwendung. Die Autoren fragen sodann, ob es vernünftig ist, beim technischen Fortschritt in der Fertigung nur in Richtung auf große, automatische Fabriken zu denken, nachdem man die Erfahrung mit den flexiblen Fertigungssystemen gemacht hat.
Wir erklären die Faszination der automatischen Fabrik als eine fehlgeleitete Trendinterpretation. Sie beruht auf früheren Erfahrungen mit der *Expansion homogener Massenmärkte* und *stabiler Nachfrage nach bestimmten Produkten* über eine längere Zeit. Insbesondere bei einer kontinuierlich laufenden Produktion, bei der der Transport und die Eingabe von zu bearbeitenden Teilen weniger problematisch ist, hat dies zu in hohem Maße automatisierten Fabriken geführt, wie etwa *Raffinerien* oder *Äthylenbetrieben*. Es ist richtig, daß man bei dieser Art von Unternehmen unter technischem Fortschritt Automation in dem Sinne zu verstehen hat, daß Eingriffe in die Produktion seltener werden und den Fertigungsprozeß weniger beeinflussen. Es zeigt sich, daß eine „Flucht" weg von der unteren Ebene und der Arbeit unmittelbar an der Maschine stattfindet *(Abbildung 2)*.

Abbildung 2

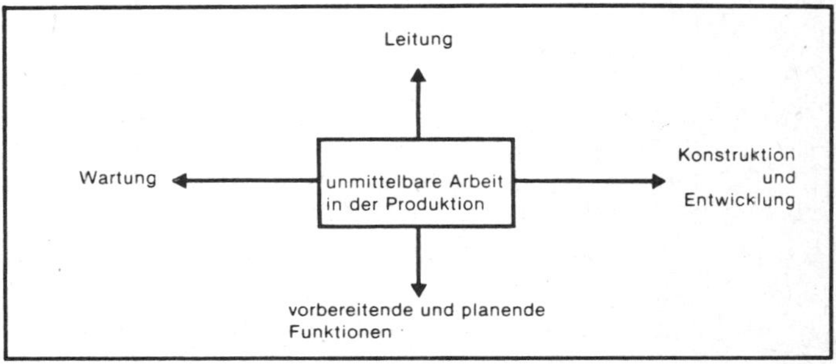

Nicht notwendigerweise wird die menschliche Arbeit auf der unteren Ebene verdrängt

Der gegenwärtige Stand des technischen Fortschritts scheint den Produktivitätszuwachs, die höhere Mechanisierung und die Elektronisierung mit der fortgesetzten Anwesenheit von Facharbeitern, die unmittelbar in den Produktionsprozeß eingreifen können, an den Maschinen zu verbinden. Die menschliche Arbeit wird auf der unteren Ebene nicht notwendigerweise verdrängt, und ihr Abfluß in Richtung auf Planungstätigkeiten wird eingedämmt. Vielleicht ist es daher nicht ganz angemessen, dies „Automation" zu nennen, was Vorstellungen von leeren Fabriken hervorruft, wo verbleibende Arbeitskräfte sich in einer entfernten Meßwarte langweilen und Techniker Verfahren entwickeln, die man sich selbst überlassen kann. Statt dessen ist die gegenwärtige Phase eher dadurch gekennzeichnet, daß *ein größerer Austausch zwischen Produktions- und Planungsabteilungen* stattfindet und daß eine Tendenz zur Übernahme von Planungs- und Programmierfunktionen auf die untere Arbeitsebene zu beobachten ist *(Abbildung 3)* [8]. Die Entwicklung hängt allerdings *eher von dem bereits erwähnten sozioökonomischen Zusammenhang ab als von technischen Eigenschaften,* die als gegeben angenommen werden können. Eine Veränderung des Zusammenhangs wird auch eine Veränderung der technischen Entwicklung und der gebräuchlichen Betriebsarten bewirken. Es wird immer eine ganze Reihe von soziotechnischen Möglichkeiten geben, für die man sich entscheiden kann.

Abbildung 3

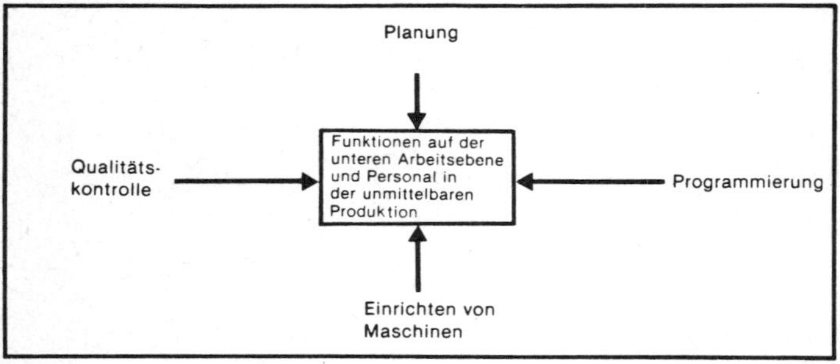

Es können bereits verschiedene Richtungen der soziotechnischen Entwicklung ausgemacht werden. Einerseits kann die Argumentation eines Benutzers wie folgt lauten:
Wir haben bereits Maschinen, die programmiert werden können, während das vorherige Los gerade bearbeitet wird. Bisher war es schwierig, von dieser Möglichkeit Gebrauch zu machen, weil der Facharbeiter, der die Maschine bediente, sich zu sehr auf die Handhabung der Werkstücke konzentrieren mußte. Daher konnte er nicht so viel wie eigentlich wünschenswert programmieren. Aber jetzt ist er von der Handhabung befreit. Daher besteht nunmehr die Möglichkeit, ihn die gesamte Planung und Programmierung übernehmen zu lassen. Diese Entwicklungslogik *verbindet den Einsatz eines hochqualifizierten Facharbeiters an einer oder zwei Maschinen mit einem hohen Grad an Mechanisierung.*
Ein anderer Benutzer mag eine andere Lösung entwickeln. Er könnte denken, daß Facharbeiter nur noch für *Restfunktionen* benötigt werden. Er würde die Zahl der Maschinen, die ein Arbeiter bedient, erheblich schneller vermehren. Programmierung und Maschinenbedienung vor Beginn der Bearbeitung eines Loses werden von Einrichtern übernommen, die dann zu der Maschine gehen, wenn diese für das nächste Los vorbereitet werden muß.
Beide der hier genannten Strategien sind denkbar. Auch *Zwischenlösungen* sind vorstellbar. Wir sagen voraus, daß abermals unterschiedliche Lösungen entwickelt werden. Diese werden sich aus der vorherrschenden Organisation und der Personalpolitik ergeben, und sie werden *erheblich von der Größe der Lose und der Flexibilität der Produktionsstrategie abhängen.* Die fortgeschrittene Stufe der Mechanisierung schließt nicht notwendigerweise Automation im herkömmlichen Sinn ein. In einem Zusammenhang, wo eine vermehrte Flexibilität und kürzere Lose angestrebt werden, wird das Gegenteil richtig sein.
In zunehmendem Maße wird es auch erforderlich sein, *zwischen Schichtarbeit der Mitarbeiter und der Maschinen zu unterscheiden.* Die Verbindung zwischen höherem Kapitaleinsatz und Schichtarbeit der Mitarbeiter erhält so eine geringere Bedeutung. Die Automation der Handarbeit eröffnet die Möglichkeit, daß ein Los auch nach Beendigung der Arbeitsstunden weiter bearbeitet wird, sofern Messung und Fehlerdiagnose ebenfalls automatisiert sind und es möglich ist, daß sich eine Maschine automatisch abstellt [9]. Auf diese Weise können längere Arbeitsstunden für die Maschinen mit der normalen Arbeitszeit am Tage oder mit zwei Schichten für in der Produktion beschäftigte Arbeitnehmer verbunden werden.
Eine stärker mechanisierte Fabrik kann daher *durchaus kapitalintensiver* sein, *ohne unmittelbar auf Mitarbeiter verzichten zu müssen.*

Der Arbeitsinhalt der Facharbeiter kann sich mehr in Richtung auf Planung, Programmierung und Einrichten entwickeln. Wenn man die Angelegenheit unter diesem Gesichtspunkt betrachtet, dann wird die zukünftige Fabrik, die kleine Lose verarbeitet, nicht „automatisiert" in dem herkömmlichen Sinne sein, weil sie nicht von Arbeitern entleert ist. Dennoch kann sie durchaus in diesem Sinne „automatisiert" sein, nachdem die Mitarbeiter ihre Arbeitsstunden beendet haben. Hieraus ergibt sich die Notwendigkeit, *neue Automationskonzeptionen* zu entwickeln, die es gestatten, den Einsatz eines fachlich versierten Mitarbeiters an „seiner" Maschine oder „seinen" Maschinen mit mehr in sich geschlossenen, automatischen Vorgängen bei der normalen Abarbeitung eines Loses nach den Arbeitsstunden der Mitarbeiter zu verbinden. Dies sollte es möglich machen, entsprechend ausgebildete Menschen für eine Form von Arbeit zu interessieren, die nicht durch anstrengenden Schichtdienst unbeliebt ist und bei der die Wettbewerbsvorteile, die sich aus einem extensiven Einsatz von Maschinen ergeben, dennoch nicht verlorengehen.

Literaturhinweise

[1] Zum Beispiel: Harry Bravermann: Labour and monopoly capital, The degradation of work in the twentieth century. New York: Monthly Review Press. Otfried Mickler, Wilma Mohr und Ulf Kadritzke, Produktion and Qualifikation. Göttingen: SOFI, 1977.

[2] Vgl. Bundesminister für Forschung und Technologie (Hrsg.), Informationstechnologie und Beschäftigung. Düsseldorf: Econ, 1980, Kapitel 4.

[3] Arndt Sorge, Gert Hartmann, Malcolm Warner und Ian Nicholas, Mikroelektronik und Arbeit in der Industrie: Erfahrungen beim Einsatz von CNC-Maschinen in Großbritannien und der Bundesrepublik. Campus 1982.

Arndt Sorge, Informationstechnik und Arbeit im sozialen Prozeß. Frankfurt/M.: Campus 1985.

[4] Sorge et al., a.a.O. 148. Die Ergebnisse werden auch durch die statistisch eher repräsentative, aber auch sehr intensive Arbeit des Instituts für Systemtechnik und Innovationsforschung bestätigt: Rationalisierungskuratorium der Deutschen Wirtschaft (Hrsg.), Wirtschaftliche und soziale Auswirkungen des CNC-Werkzeugmaschineneinsatzes, RKW, Eschborn 1981.

[5] Schultz-Wild, Rainer, und Friedrich Weltz, Technischer Wandel im Industriebereich. Die Einführung numerisch gesteuerter Werkzeugmaschinen in der Bundesrepublik, Frankfurt/M.: Athenäum 1973.

[6] Olivier Bertrand, Automatisation industrielle et „miracle japonais". Formation – Emploi Nr. 1, 1983, S. 71–87.

[7] Blumberg, Melvin und Donald Gerwin, Coping with advanced manufacturing technology. Diskussionspapier LMP 81–12. Wissenschaftszentrum Berlin.
[8] Derartige Tendenzen zur Wiederbelebung produktiver Facharbeit und Anreicherung direkt produktiver Arbeitsplätze werden bestätigt durch: Horst Kern und Michael Schumann, Das Ende der Arbeitsteilung? Rationalisierung in der industriellen Produktion. München: C. H. Beck 1984.
[9] Brankamp, Klaus, und Bert Bongartz, Möglichkeiten der Prozeßüberwachung bei Produktionsmaschinen. VDI-Z 122, 1980, S. 639 bis 645. Wöpkemeier, Helmut Friedrich, Produktionstechnologien der neunziger Jahre. Wt-z. ind. Fertig. 70, 1980, S. 689 bis 692.

Gerlinde Dörr

Vor einem Umbruch betrieblicher Strukturen und Arbeitsformen

Formenwandel betrieblicher Kontrolle und Rationalisierungspraxis am Beispiel Maschinenbau

Automation dringt in Bereiche vor, die ihr bislang grundsätzlich verschlossen schienen

Zwei Aspekte sind für die Automatisierung in den siebziger Jahren charakteristisch: ihre deutlich *beschleunigte Entwicklung* und ihre *wachsende Verbreitung.* Ausschlaggebend dafür waren die *Miniaturisierung* der Technologie, die *Verbilligung* ihrer Herstellungskosten und die zunehmenden Anforderungen an *Flexibilität* durch den Markt. Sie lösten in der industriellen Produktion einen *umfassenden Innovations- und Rationalisierungsdruck* aus. Auf diesem fortgeschrittenen technologischen Niveau ist die Automation sodann auch in Bereiche vorgedrungen, denen bislang eine dauerhafte strukturelle Rationalisierungssperre zugeschrieben wurde.

In der industriellen Produktion sind dies vor allem Bereiche der *Investitionsgüterherstellung*. Der *Maschinenbau* und insbesondere der *Werkzeugmaschinenbau* mit seinen komplexen Produkten und Produktionsstrukturen und seinen entsprechend hohen Anforderungen an Qualifikation und Fachkompetenz sind davon betroffen. Von der Automatisierung werden jetzt nicht mehr nur die direkt produzierenden Bereiche der Fertigung erfaßt, sondern verstärkt auch die „technischen Büros" und „Dienststellen", die der unmittelbaren Produktion vorgelagert sind. Solche Aufgaben- und Funktionsbereiche umfassen die arbeits- und produktionsvorbereitenden Abteilungen, aber auch hierarchisch übergeordnete Abteilungen, wie die Planung und die Konstruktion.

In einigen Bereichen vollzieht sich mit dieser Entwicklung eine *Vertiefung der Rationalisierung,* in anderen ein *erster Rationalisierungszugriff.* Dieser Automationsschub, seine Entwicklungsdynamik und sein Vordringen in die *Dienstleistungsbereiche* der Produktion, bringt *Veränderungen* in den betrieblichen Anforderungen an das *qualifikatorische* wie an das *psycho-physische Arbeitsvermögen.*

Menschliche Arbeit bald nur noch „Restarbeit"? – Kontroverse Einschätzungen

In der neueren sozialwissenschaftlichen Diskussion wird dieser Prozeß der Innovation und Rationalisierung als ein „neues Stadium der industriellen Entwicklung" bezeichnet. Bezüglich des Status der menschlichen Arbeit in der automatisierten Produktion liegen kontroverse Einschätzungen vor[1]). Im engeren Kreis der industriesoziologischen Forschung der Bundesrepublik lassen sich vorab *zwei Positionen* unterscheiden:

- Die *mehr theoretisch fundierte Position* sieht in der fortschreitenden Entwicklung der Produktivkräfte – unter dem vorherrschenden Entwicklungsmuster – eine sich unaufhaltsam durchsetzende „Logik" der Kapitalverwertung. Danach werden nach und nach *alle Dimensionen des Arbeitsprozesses erfaßt* und unter die Kontrolle der Technik gebracht, unabhängig von der besonderen Stofflichkeit der Produkte, der Produktionsstrukturen oder der Besonderheit des menschlichen Arbeitsvermögens. Die Vertreter dieser Position kommen zum Ergebnis, das *menschliche Arbeitsvermögen* werde *immer mehr* aus dem Produktionsprozeß gedrängt und *durch Technik ersetzt*. Der Arbeit kommt darin nur noch eine Hilfsfunktion zu. Beurteilt wird die Rationalisierung als „Degradation der Arbeit" *(Braverman)* und die in der Produktion verbleibende Arbeit als „Restarbeit" (IfS-Frankfurt)[2]).
- Die andere, stärker *empirisch* orientierte und erfahrungszentrierte Position, beruft sich auf Forschungsbefunde, in denen die Produktionsarbeit in wichtigen Teilbereichen der industriellen Produktion ihre *zentrale Funktion behält*[3]). Ungleichzeitigkeiten der Rationalisierung auf verschiedenen Ebenen, aus unterschiedlichen Gründen, strukturellen Widerständen, anderen wirtschaftlichen Rahmenbedingungen und speziellen betrieblichen Konstellationen begründen solche empirischen Befunde. Derartige Sachverhalte stehen einer kontinuierlich und linear verlaufenden Durchsetzung technologischer Entwicklungen entgegen.

In wissenschaftlichen Analysen über die *Dynamik* und den *Verlauf der Entwicklung industrieller Arbeit* und Produktion wird aber stärker betont als in den beiden Ansätzen, daß die gesellschaftliche Durchsetzung der Technologie bis hin zu ihrer betrieblichen Realisierung *nicht in einer eindimensionalen Weise* erfolgt, sondern *Verwerfungen und Brüche* aufzeigt. Es wird darauf hingewiesen, daß Phasen der Technisierung immer auch wieder abgelöst werden von Phasen der betrieblichen Organisierung ohne Einsatz von Technologie. Verbunden mit solchen sich abwechselnden Veränderungen sind Prozesse der *Dequalifizierung* wie der *Requalifizierung*. Diese Entwicklungen vollziehen sich jedoch *nicht im Selbstlauf* und folgen ebensowenig

zwingend aus der Technik. Die Analyse *alternierender* Entwicklungsverläufe[4]) kommt deshalb *nicht* zu dem Schluß einer *fortschreitenden Entwertung* des menschlichen Arbeitsvermögens durch Technik. Sie kommt aber auch nicht zu einer eigengesetzlichen Requalifizierung der Arbeitskraft durch betriebliche Reorganisation. Gesellschaftliche und soziale Konstellationen liegen den Entscheidungen ebenso zugrunde wie technische und ökonomische Bedingungen. Dies könnte erklären, warum positive wie negative Effekte im Verlauf von Automationsprozessen immer wieder zum Vorschein kommen.
Demgegenüber stimmen wissenschaftliche Analysen und praxisorientierte Prognosen über den Ersatz menschlichen Arbeitsvermögens durch Automatisierung weitgehend überein. Einschneidende Veränderungen in der sozialen Struktur der „Arbeitsgesellschaft" zeichnen sich bereits ab, denn die *Verdrängungspotenz der neuen Technologien* und die schon erzielten Wirkungen sind um ein Vielfaches höher gegenüber früheren Entwicklungen. Eine gesellschaftspolitisch brisante *Polarisierung* zwischen *Beschäftigten* und *Arbeitslosen* zeichnet sich längst ab. Zur Bewältigung stehen neuartige *politisch* zu lösende Arbeits- und Arbeitszeitprobleme zur Diskussion[5]). Sie erfordern zu ihrem Gelingen neue Arrangements zwischen Betroffenen und politisch Verantwortlichen.

Die Trendwende im Maschinenbau als Beispiel[6])

Mit ziemlicher Sicherheit lassen sich einschneidende Veränderungen in der Maschinenbaubranche prognostizieren. Sie basieren auf der *umfassenden Rationalisierungsoffensive,* die in diesem Bereich eingeleitet wurde, obgleich oder gerade weil der spezielle Arbeits- und Produktionsprozeß bislang der Rationalisierung kaum zugänglich war. Der Maschinenbau sperrte sich bis jetzt gegen einschneidende Rationalisierungszugriffe. Die sich nun abzeichnenden Umbrüche infolge computer- und informationstechnologischer Innovationen umfassen *zentrale Bereiche des betrieblichen Struktur- und Sozialgefüges.* In meinen nachfolgenden Darlegungen werde ich einige damit verbundene Veränderungen in den Arbeits- und Koordinationsprozessen der Produktion skizzieren. Auf die Beschäftigungsproblematik soll hier nicht eingegangen werden.
Die Produktionspolitik des deutschen Maschinenbaus ist in den achtziger Jahren von einem *Trendumbruch* aus einem dreifachen Veränderungsdruck bestimmt:

- der Schwächung der *Konkurrenzfähigkeit* auf dem Weltmarkt,
- der Schließung der „technologischen Lücke" in ihren betrieblichen Koordinations- und Organisationsstrukturen und
- der zur Verfügung stehenden *neuen Technologien,* die zur Anwendung drängen.

Der Markt fordert vor allem *flexiblere Produkte* und Produktionsstrukturen. Eine wesentliche Voraussetzung, um dieses Ziel zu erreichen, ist ein transparentes betriebliches Geschehen. Die Strategien der Betriebe zur Lösung dieses Problems sind unter anderem darauf gerichtet, die traditionell *manuelle Koordination und Steuerung* des Arbeits- und Produktionsablaufs *durch ein computergestütztes* Produktionsplanungs- und Steuerungssystem (PPS-System) *zu ersetzen.* Dabei sollen die einzelnen Arbeitsprozesse in einen computer- und informationstechnologisch regulierten Gesamtarbeitsprozeß integriert werden. Der *System-Charakter* der Programm-Module solcher Technologien ermöglicht es, ganz unterschiedliche Arbeitsprozesse informations-technologisch miteinander zu vernetzen – nämlich Fertigung, Montage, Instandhaltung, Lager usw. mit Arbeitsprozessen der Konstruktion, der Arbeitsvorbereitung, dem Einkauf oder dem Vertrieb. Konkret erfolgt diese Integration über die Verbindung rechnergesteuerter Anlagen und Maschinen in der Produktion mit Rechnern der Instanzen Planung, Konstruktion und Steuerung. Eine *umfassende Vernetzung und Integration der betrieblichen Abläufe* ist Schwerpunkt der Innovations- und Rationalisierungspolitik der Maschinenbaubetriebe. Damit sollen die neuen Markt- und Kundenanforderungen nach *höherer Terminzuverlässigkeit* erfüllt werden. Für die Produktion bedeutet das zugleich genaueres Timing und Verkürzung der Durchlaufzeiten der Aufträge bei gleichzeitig verbesserter Ausnutzung der betrieblichen Kapazitäten.
Aus einem größeren Blickwinkel werden noch weitergehende Entwicklungen erkennbar. Sie zielen auf *Vernetzung einzelner Betriebe und Betriebsbereiche* untereinander, zum Beispiel zwischen Herstellern, Anwendern und Zulieferern. Absehbar sind Formen ganz neuer betrieblicher Gestaltung.

Die betrieblichen Umstellungen führen zu sozialen Verunsicherungen der Beschäftigten

Die betrieblichen Anpassungen an die Flexibilitätsanforderungen des Marktes führen zu Veränderungen in den Organisationsstrukturen und verursachen dadurch Neuordnungen im traditionellen Sozialgefüge der Betriebe. Daraus erklärt sich auch die Langwierigkeit bei der Einführung von Computer- und Informationssystemen. Angesichts gravierender sozialer Auswirkungen der Automatisierung in anderen Bereichen sind auch hier die Umstellungen von sozialer Verunsicherung der Beschäftigten begleitet. Der vom betrieblichen Management angestrebte „transparente Betrieb" zielt nämlich nicht nur auf eine *zeitökonomischere Erfassung und Straffung des betrieblichen Ablaufs.*

Es verändern sich auch Kontroll- und Kompetenzstrukturen zwischen verschiedenen Arbeitskräftegruppen und Funktionsbereichen. Gleiches gilt insbesondere für die Beziehungen zwischen der unmittelbaren Produktion, der Fertigung, und hierarchisch übergeordneten betrieblichen Instanzen.

Die Besonderheiten im Maschinenbau

In der Maschinenbauindustrie ist die Produktion von „außerplanmäßigen Ereignissen" geprägt. Von besonderen Kundenwünschen, die bis in den laufenden Fertigungsprozeß hineinreichen, Eilaufträgen, Nacharbeiten oder Sonderfällen. Dies macht für den Arbeitsprozeß eben nicht nur wegen seiner komplexen Anforderungen, sondern auch wegen dieser situationsbedingten Unterbrechungen *flexible Interventionsleistungen von seiten der Facharbeit* in den Produktionsprozeß notwendig.

Mit der angestrebten informationellen Erfassung und Integration der einzelnen Arbeitsabläufe versucht das Management deshalb, auch Planungs- und Koordinationswissen aus der Produktion herauszuziehen, um vom Wissen des Facharbeiters unabhängiger zu werden. Eine weitgehende unabhängige Verfügbarkeit über dieses Wissen dient zur präziseren Planung und Steuerung, die notwendig wird, um flexibler auf die variierenden Marktanforderungen aus Sicht des betrieblichen Managements reagieren zu können.

Wegen der „unplanbaren Ereignisse", die den kontinuierlichen Produktionsablauf immer wieder unterbrechen, und der komplexen Arbeitsprozesse kann dieses Ziel im Maschinenbau allerdings nicht vollständig erreicht werden. Durch solche anspruchsvolle Produktion bleibt den *Facharbeitern Qualifikation und Kompetenz* erhalten, die mit den Computer- und Informationstechnologien jetzt jedoch *systematischer erfaßt* und *effizienter genutzt* werden können. Da das Produktionswissen vom Facharbeiter unabhängiger verfügbar wird, eröffnet dies außerdem Kontrollmöglichkeiten in der unmittelbaren Produktion, die der Betriebshierarchie bislang nur in speziellen Teilbereichen erschlossen waren. Welche *Kontrollformen* zur Anwendung kommen, ist außerdem abhängig von der technischen Auslegung und der betriebswirtschaftlichen Nutzung der neuen Technologien. Zwei Nutzungsformen, eine zentral und eine dezentral orientierte, lassen sich unterscheiden. Beide Formen führen zu einer Veränderung in den traditionellen betrieblichen Kontrollstrukturen.

Zentrale oder dezentrale Nutzungsformen neuer Technik betreffen Meister und Arbeiter unterschiedlich

Eine *zentral* orientierte Anwendung und Nutzung der computergestützten Verfahren zur Steuerung und Regulierung der Produktion führt auf der *Werkstattebene* zu einer Entwertung der produktionsnahen Planungs- und Koordinationskompetenzen der Facharbeit. Der Verlust solcher Kompetenzen schränkt die Disposition und Selbstbestimmung der Facharbeiter über die eigene Arbeit ein und ersetzt sie durch Fremdbestimmung und Fremdkontrolle der produktionsfernen Planungs- und Steuerungsinstanzen.

Eine *dezentral* orientierte Anwendung beläßt demgegenüber Planungs- und Koordinationskompetenzen auf der Werkstattebene oder bezieht sogar die Fähigkeiten und die Kompetenzen der Facharbeiter in verstärktem Maße ein. In Abhängigkeit von der Anwendung und der Nutzung der Computertechnologie für die Planung und Steuerung des Ablaufs der Produktion kommt es dabei zu *unterschiedlichen Auswirkungen für die jeweiligen Arbeitskräftegruppen.* Betroffen davon sind vor allem die Produktionsfacharbeiter und die Meister. Zwei Beobachtungen möchte ich herausgreifen und skizzieren, die in der empirischen Forschungsarbeit „vor Ort" immer wieder vorkommen. Sie lassen sich als Umbrüche in den betrieblichen Strukturen und Arbeitsformen der Maschinenbauproduktion identifizieren:

- als Veränderungen in der *Autonomie* der produktiven Facharbeit und
- als Veränderungen in der *Koordination* des Produktionsablaufs.

Veränderungen in der Autonomie der produktiven Facharbeit

Gegenüber der „herkömmlichen" Produktionsorganisation in der Maschinenbauindustrie wird mit der computergestützten Planung, Steuerung und Kontrolle des Ablaufs der Produktion eine *höhere Transparenz* des betrieblichen Geschehens erzielt. Diese eröffnet für das betriebliche Management neue und qualitativ andere Möglichkeiten, in die Arbeit einzugreifen und sie unter der Effizienz- und Kontrollperspektive neu zu organisieren.

Durch EDV erstellte Zeit- und Kapazitätsplanungen über verfügbare Maschinen und Personen und Maschinenbelegungsplanungen wird es möglich, den Ablauf der Produktion arbeitsplatz- und maschinennah „durch"-zuplanen und „durch"-zusteuern. Beispielhaft dafür ist die Festschreibung der *Arbeitsreihenfolge*, nach der einzelne Werkstücke abzuarbeiten sind. Das steht dem begründeten Interesse der Produktionsarbeiter und dem Privileg der Werkstatt entgegen, nämlich die Reihenfolge der Arbeitsaufträge aus produktions- wie aus arbeitsökonomischer Perspektive selbst zu regulieren. Die Eigenregulierung im Prozeß der Arbeit wird mit einer solchen Festlegung soweit eingeschränkt, daß hier von einem „informationellen Taktzwang“ im Unterschied zu einem Maschinentaktzwang gesprochen werden kann[7]). Ein solcher Eingriff bis in den Ablauf des Arbeitsprozesses an der Maschine führt zu *rigiden* und damit *inflexiblen* Formen der Arbeit, wie sie aus der Massenproduktion bekannt sind. Für die Produktionsarbeit bringt die durch EDV festgelegte Abfolge der Arbeitsaufträge einen zusätzlichen Kontrollverlust *in* der Arbeit und für das betriebliche Management einen Kontrollgewinn *über* die Arbeit.

Mit dieser festen Abfolge der Produktionsbearbeitung in einer technologisch-wirtschaftlich bestimmten Reihenfolge werden in die Werkstattfertigung als dem klassischen Organisationstyp in der Einzel- und Kleinserienfertigung Elemente der Fließfertigung eingeführt. Die so festgelegte Bearbeitungsabfolge führt zu einer „Linearisierung“ von Arbeitsabläufen, wie sie für die Bandarbeit charakteristisch ist.

Rigide und flexible Arbeitsabläufe – nicht schlechthin ein Widerspruch

Eine Voraussetzung für diesen Organisationstyp ist die *Taylorisierung der Arbeit,* die auf eine *Zerlegung des Arbeitsprozesses in möglichst kleine Aufgabenelemente* beruht und der als *Prinzip die Trennung von planenden und ausführenden Anforderungen* zugrundeliegt. Diese Art Arbeitsteilung bietet neben ihrer zeitökonomischen Erfassung noch einen anderen ökonomischen Vorteil: Sie spart für einen derartig organisierten Produktionsprozeß teure Facharbeit ein.

Weil die zunehmenden Forderungen nach industrieller Flexibilität aus bisheriger Sicht zur Absage an linearisierte und damit rigide Arbeitsabläufe hätte führen müssen, wurde daran die Annahme geknüpft, das tayloristische Prinzip der Organisation der Arbeit würde damit hinfällig. Die beschriebenen Entwicklungen in der Produktion der Maschinenbauindustrie zeigen aber, daß *von einem Ende des Taylorismus* in einer einheitlichen, generellen und stabilen Weise *keine Rede* sein kann. Auch wenn eine breite Etablierung taylorisierter Arbeit, wie sie zum Beispiel in der Großserienproduktion der Automobilindustrie vorherrscht, in den Arbeits- und Produktionsprozessen der Maschinenbauindustrie bis jetzt keine Realisierungschancen hat. Das Eindringen von festgelegten linearen Abfolgen in qualifizierte Produktionsarbeitsprozesse erfolgt zum Preis von Inflexibilität und Rigidität: Erfahrungen aus der *italienischen Automobilindustrie* zeigen, daß mit flexibler Automation Fließbandarbeit sehr wohl in Einzel- und Gruppenarbeitsplätze auflösbar ist. Die dadurch gewonnene Flexibilität konnte indessen mit EDV-Koordination und -Steuerung auch wieder rückgängig gemacht werden. Mithin wurde die herkömmliche rigide Organisation der Arbeit auf einem höheren technischen Niveau wiederhergestellt[8]).

Der Verzicht auf Flexibilität durch lineare Arbeitsabläufe in der Maschinenbauindustrie legt die Vermutung nahe, daß rigide und flexible Formen nicht schlechthin widersprüchlich sind, sondern sich vielmehr kompatibel miteinander *verschränken* lassen. Ob sich in einer solchen Verschränkung organisatorische Mischformen zwischen Werkstattfertigung und Fließfertigung als dominierender Organisationstypus herausbildet, ist offen. Die Vielgestaltigkeit der Produkte und das Interesse der Betriebe zur rationelleren Fertigung läßt das Bestreben deutlich werden, die Komplexibilität durch Zusammenfassung von Erzeugnissen bis zu einer *gleichen Grundstufe des Vorprodukts* zu reduzieren. Wie sich diese Reorganisation auf die Arbeitsanforderungen auswirkt, ist demnach von zwei gegensätzlichen Organisationsformen abhängig:

- Werkstatt- oder Linienfertigung *isoliert* nebeneinander beziehungsweise
- beide Formen miteinander *kombiniert* und *durch EDV vernetzt*.

Zwischen Werkstattvorgesetzten und Produktionsfacharbeiter ändern sich die herkömmlichen Beziehungen

Die Arbeitsteilung zwischen Produktionsarbeitern, Meistern sowie Planungs- und Steuerungspersonal auf den verschiedenen hierarchischen Ebenen wird *mit der Computertechnologie reorganisiert*. Hierbei lassen sich Formen der *Reduzierung* von Arbeitsteilung ebenso wie Formen der weiteren *Ausdifferenzierung* beobachten. Zwischen den Werkstattvorgesetzten und den Produktionsarbeitern ändern sich herkömmliche Beziehungen und damit das System von Anweisung und Ausführung.

Bei einer Organisation der Produktion nach dem *Werkstattprinzip*, das im Gegensatz zum *Fließprinzip* nicht *am Ablauf*, sondern an der *Tätigkeit* ausgerichtet ist, übernimmt der Meister als der unmittelbare Vorgesetzte der Werkstatt, produktionsnahe Koordinierungs- und Leitungsfunktionen. Mit der Einführung der *Systemtechnologien* können jetzt produktionsnahe Planung und Steuerung, die naturgemäß zum Dispositionsbereich der Meister zählen, fernab von der Produktion, von Planungs- und Steuerungszentralen festgelegt werden. Mit einer zentralisierten Anwendung der Systeme wird das Planungs- und Steuerungspersonal gestärkt, mit einer dezentralisierten hingegen das Werkstattpersonal. In beiden Fällen kommt es meist zu einer Einschränkung der traditionellen Meisterfunktionen. Damit kündigen sich Erosionsprozesse an, bei denen die traditionell starke Position der Meister im Betrieb ins Wanken gerät. Deutlich wird eine *Verschiebung im Spektrum* ihres bisherigen *Aufgabenbereichs*. Sie vollzieht sich über eine „Ausdünnung" ihrer produktiven und autonomen Koordinations- und Leitungsfunktionen. An ihre Stelle treten verstärkt Durchsetzung und Ausführung produktionsferner Managemententscheidungen. Damit zeigt sich, daß betrieblich institutionalisierte Strukturen bei den neuen Rationalisierungstechnologien keine dauerhafte Barriere darstellen.

Doch wie träge sind die Strukturen?

Beobachtet werden kann hier jedoch auch ein gewisser Strukturwiderstand beziehungsweise eine Strukturträgheit, die einem umfassenden und durchgreifenden Rationalisierungszugriff des Managements entgegensteht. Vertreter der These von der „Strukturwiderständigkeit"[9]) behaupten, daß vorhandene Strukturen und Formen der Arbeitsteilung sich so sehr verfestigt haben und deshalb nicht kurzfristig aufgelöst werden können. Markt- und produktionsbedingte Erfordernisse nach Flexibilisierung, die solchen Strukturen zum Teil entgegenstehen, führen nicht zu deren unmittelbaren Überwindung. Folglich müssen effiziente Problemlösungen gegenüber „konservativen" zurücktreten, auch wenn diese nicht dem betrieblichen Strategieinteresse entsprechen. Die Annahme der Strukturträgheit bezog sich bislang auf starre, taylorisierte Organisationsformen in der industriellen Produktion. Obwohl mit der flexiblen Automatisierung stark arbeitsteilige Organistionsformen, die außerdem einen kostenintensiven „bürokratischen Überbau" zur Koordination der Produktion hervorgerufen haben, verändert werden können, zeichnen sich keine breiteren Entwicklungen in diese Richtung ab. Ein wesentlicher Grund wird in der fehlenden Qualifikation der Produktionsarbeiter gesehen, die diese Struktur der Arbeitsteilung resistent macht gegenüber flexibleren Formen.

In *facharbeitergeprägten Arbeitsprozessen* des Maschinenbaus schlägt sich die computer- und informationstechnologische Reorganisation der Produktion nieder im *Formenwandel betrieblicher Kontrolle*. Das Einfügen tayloristischer Elemente in den Arbeitsablauf scheitert – wie das Linearisierungsbeispiel zeigt – hier nicht an strukturellen Widerständen durch fehlende Qualifikation. Im Gegenteil – eine solche Reorganisation schöpft vorhandenes Qualifikationspotential nicht aus, sondern schränkt es ein. Subjektive Schranken, auf die solche betriebliche Strategien stoßen können, liegen in den Auswirkungen auf das qualifizierte menschliche Arbeitsvermögen, in Belastungsauswirkungen und Lohnabgruppierungen über dequalifizierte Anforderungen. Da solche Entwicklungen erst über die Zahl politisch wirksam werden, stellen sie sich in der gegenwärtigen Situation des Maschinenbaus noch nicht als Barriere dar.

Die Doppelfunktion der Meister

Gleichwohl zeigen sich betrieblich gewachsene Strukturen hier auch resistent gegenüber allzu umfassenden Rationalisierungszugriffen. Im Fall der Werkstattvorgesetzten, der Meister, erklärt sich diese Resistenz trotz der Erositionserscheinungen noch aus einem anderen Grund: Mit der betrieblichen Reorganisation dieses Funktionsbereichs verbindet sich nämlich ein betrieblich prekäres Problem. Denn mit der Funktion der Meister verknüpft sich eine andere, betrieblich unverzichtbare Forderung: das *Herstellen von Konsens zwischen Management und Produktionsarbeit.* Diese betriebspolitisch wichtige Funktion der Herrschaftssicherung über die Werkstattvorgesetzten kann von einem EDV-Steuerungssystem nur ganz unvollkommen übernommen werden. Der „Gestaltungswandel in den Hierarchiestrukturen"[10]) der Betriebe, der sich mit den neuen Rationalisierungstechniken im Maschinenbau ankündigt, ist mit diesem Problem ständig konfrontiert. Auch wenn EDV und Mikroelektronik besonders geeignet sind, Grenzen innerhalb einer Arbeit und zwischen verschiedenen Arbeiten zu verschieben und neu zu ziehen[11]), scheint die Herrschaftssicherung mit einer technischen Problemlösung nicht bewältigbar zu sein. Das vermeintlich anachronistische Nebeneinander von Computersystemen und der manuellen Steuerung durch die Person des Meisters, wie es in den Betrieben in der Regel vorzufinden ist, unterstreicht die Doppelfunktion der Meisterrolle.

Die Arbeit wird nicht länger als Störgröße betrachtet

In der aktuellen theoretischen und praktischen Debatte über die Entwicklung industrieller Arbeit stehen wiederum zwei kontroverse Positionen. Nach einer kurzen Skizzierung der Kernaussagen beider Positionen möchte ich abschließend den *Formenwandel betrieblicher Kontrolle verstärkt ins Blickfeld* rücken.
Die Industriesoziologen *Kern* und *Schuhmann*[12]) stellen für die Industriearbeit der achtziger Jahre auf Basis ihrer aktuellen empirischen Forschung folgende *Prognose:* In den noch funktionierenden Kernbereichen industrieller Produktion, zum Beispiel in der Automobil-, Maschinenbau- und Chemieindustrie, werden sich „neue Produktionskonzepte" etablieren. Diese empirisch gestützte Prognose geht von der Aufhebung tayloristischer Organisation der Arbeit aus. Hierbei galt Arbeit für das Management bislang als Störfaktor. Sie wurde deshalb aus der Produktion verdrängt oder, wo das nicht gelang, marginalisiert und kontrolliert. Infolge veränderter Marktbedingungen stellen die Forscher jetzt eine ganz neue „Konjunktur" von Managementkonzeptionen der Arbeitsteilung fest. Im Gegensatz zur taylori-

stischen Variante mißt jetzt das Management der Arbeit qualitative Bedeutung zu, da die besondere Qualität der Arbeit erkannt wird. „Ganzheitlicher Zugriff, systematische Planung und konsequenterer Vollzug" dieses Rationalisierungsverständnisses analysieren *Kern* und *Schumann* als eine „umfassendere Nutzung der Kompetenz der Arbeiter" – als eine „ganzheitliche Ausschöpfung des Arbeitsvermögens".

Dieser historischen Entwicklungsthese geht eine ebenso wissenschaftlich fundierte Forschungsarbeit des *Instituts für Sozialwissenschaftliche Forschung* (ISF) München[13]) voraus. Mit einem umfassenderen Bezug auf die Industriearbeit unter Berücksichtigung ungelernter und angelernter Arbeit kommt diese Position zu einer *anderen Einschätzung*, ohne freilich den Anspruch einer Entwicklungsprognose aufzustellen. Im Unterschied zu *Kern* und *Schumann* konstatieren sie, in den vorherrschenden Rationalisierungspraktiken des Managements liege kein wesentlicher Organisationswandel vor. Aus ihrer Sicht vollzieht sich hier lediglich ein *Wechsel in den Formen der Nutzung der Arbeitskraft*. In diesem Zusammenhang sprechen die Autoren dieser Studie von einer „breiteren Nutzung" der Arbeitskraft, nicht aber von einer Requalifizierung der Produktionsarbeit (wie bei *Kern* und *Schuhmann*). Das ISF/München analysiert diese Veränderungen mit einem Verständnis von „Leistungspolitik", der die Industriearbeit nach ihrer Interpretation verstärkt unterworfen wird.

Kern/Schumann und das ISF beschreiben beide empirische Befunde, die in der aktuellen betrieblichen Realität vorzufinden sind oder in diese Richtung weisen. Für die *Massenproduktion* wiegt entsprechend stärker die *Leistungskontrolle* (ISF/München). Für die *Klein- und Mittelserienfertigung* in der Maschinenbauindustrie wiegen stärker *flexible Qualifikations- und Kompetenzanforderungen (Kern/ Schumann)*. Beide Positionen verweisen allerdings auf die *Offenheit* des zukünftigen Entwicklungsprozesses in diesem Bereich.

Halten wir noch einmal fest: Flexible Automatisierung ermöglicht zwar die Aufhebung von rigiden Arbeitsstrukturen *(horizontale Integration)*, aber die auf einer höheren Technologiestufe folgende Automatisierung kann diese flexibleren Arbeitsformen durch eine informationelle Vernetzung und rigide und lineare Steuerung wieder rückgängig machen *(vertikale Integration)*. Eine systematische Berücksichtigung dieses Formenwandels betrieblicher Kontrolle in seiner Widersprüchlichkeit fehlt meines Erachtens in beiden Positionen.

Betriebliche Kontrolle wandelt sich

Die Neuverteilung von Kompetenzen in beiden Dimensionen – der horizontalen und der vertikalen Integration – führt zu Veränderungen in den Kontrollbeziehungen zwischen Management und Produktionsarbeit. Damit werden zwar ganz neuartige Kontrollen und Regulierungen möglich, sind jedoch keineswegs zwingend. Es ist nämlich zu beobachten, daß sich flexible und rigide Organisationsformen auf vielfältige Weise neu vermischen, ohne daß vorab erkennbar ist, in welches Resultat diese Neuerungen münden werden. Offenkundig birgt die Computer- und Informationstechnologie die Möglichkeit, den Menschen in der Produktion als Informations- und Wissensträger zu ersetzen. Mit dem umfassenden Einsatz dieser Technologien verbindet sich ferner eine weitere Vertiefung der „technischen Arbeitsteilung" im Verhältnis Mensch/Maschine. Die wachsende Mechanisierung und Automatisierung bringt nämlich den menschlichen Arbeitsprozeß in eine immer größere zeitliche und sachliche Distanz zur eigentlichen Produktion. Da die Selbstregulierung der maschinellen Produktion zunimmt, verändert sich natürlich auch die menschliche Leistung für das Produktionsergebnis. Bei einer Reorganisation, die Flexibilität und Integration der Arbeitsprozesse anstrebt, ändern sich herkömmliche Kontrollformen. Die neuen Kontrollformen resultieren nicht automatisch aus der Anwendung technischer Systeme. Sie sind auch nicht lediglich Kompromiß komplexer Optimierung fertigungstechnischer und betriebswirtschaftlicher Managementstrategien. Vielmehr werden sie auch bestimmt von arbeitspolitischer Normierung – Verrechtlichung –, nicht zuletzt von traditionellem betrieblichen Konflikt und Konsens sowie von informellen Politiken, die den Arbeitsalltag im Betrieb bestimmen.

Arbeitsprozesse werden durchsichtiger

Aus der Perspektive der Produktionsarbeit ist Kontrolle im Arbeitsprozeß eng mit Anforderungen an Qualifikation und Kompetenz verbunden. Sie räumen der *Produktionsfacharbeit* Entscheidungsspielräume und Möglichkeiten für eigene Lösungen und Improvisationen ein und ermöglichen damit selbstbestimmtes Arbeitshandeln. Auf diese Weise muß Arbeit nicht instrumentell verstanden werden, sondern kann *haushälterisch* und zugleich *kreativ-produktiv* sowie *belastungsmindernd* geleistet werden. *Managementkontrolle* zielt dagegen auf Kontrolle von Arbeits- und Leistungsverhalten, die den *Zusammenhang von Arbeitskraft und Person* leugnet. Auf diese Weise soll die Arbeitskraft ökonomisiert werden, wozu ein ganzer Komplex von differenzierten Leistungs-, Anreiz- und Sanktionspolitiken eingesetzt wird. In diesem tayloristischen Verständnis wird die Person des Arbeiters zur „Störgröße". Sie gilt als subjektbedingte Barriere für eine vollständige Ökonomisierung und Instrumentalisierung der Arbeitskraft. Aus diesem Verständnis leitet sich die Management-Begründung für Kontrolle über das Leistungsverhalten der Arbeiter ab. So begann die systematische Ermittlung von Kenntnissen und Fertigkeiten für die Arbeit und damit deren analytische Zerlegung in einzelne Verrichtungen und Funktionen. Damit waren die Voraussetzungen geschaffen für die Festlegung von Arbeitsmethode und Arbeitspensum. Ziel des Managements war es dabei, umfassende und genaue Informationen über das betriebliche Geschehen, den tatsächlichen Arbeitsvollzug und das Leistungsverhalten der Arbeiter zu ermitteln.

Mit den neuen Technologien kann Management-Kontrolle über Arbeit und Leistung heute um ein Vielfaches erhöht werden. Die erzielte größere Transparenz macht es möglich, in die ehedem abgeschirmten Einzelarbeiten genaueren Einblick zu nehmen – mit daraus erwachsenden Interventionschancen. Der „qualitative Sprung" liegt im Potential der Technologie selbst. Sie macht es nämlich möglich, integrierte Produktions-Informationssysteme zu realisieren[14]). Als Teilprogramme betrieblicher Großrechner erwachsen mit solchen *Betriebsdaten-Erfassungssystemen* (BDE) gravierende Auswirkungen. Besondere Kennzeichen solcher Systeme sind die *gleichzeitige Erfassung* und Verarbeitung *von technischen Prozeßdaten und sozialen Steuerungsdaten.* Der so integrierte Arbeits- und Produktionsprozeß erzeugt einen doppelten Informationszugang auf technische Daten der laufenden Produktion und gleichzeitig auf Daten über das Arbeits- und Leistungsverhalten der Arbeiter.

Zwar gehören Arbeitsplatz-, Leistungs- und Personaldaten schon immer zum betrieblichen Wissensbestand der Steuerung und Planung des Managements. Mit integrierten Produktionsinformationssystemen wird jedoch eine *neue Qualität der Datenerfassung und -verarbeitung* möglich. Die Vernetzung der verschiedenen Informationssysteme verstärkt die geforderte betriebliche Transparenz: Sie verbessern die Kontrolle über die Arbeitsabläufe, Arbeitsergebnisse, Arbeitseinteilung, über die Zeiteinheiten und das Arbeitstempo bei allseitiger Verfügbarkeit. Den betrieblichen Planungs- und Steuerungsinstanzen dienen diese Informationen unter anderem zur Optimierung der Termin- und Kapazitätsplanung, zur genaueren Berechnung der Planungszeiten, der Bearbeitungs- und Durchlaufzeiten eines Auftrages, zur Lohnabrechnung und zur Kostenkalkulation . . .

Die integrierten Sach- und Sozialdaten erlangen insbesondere für die *Personalplanung* eine neue Qualität: Über Informationen zum Arbeits- und Leistungsverhalten der Arbeiter bis hin zur Kantinenabrechnung werden neuartige Betriebspolitiken für Personaleinsatz, -auswahl, -kontrolle und -beobachtung über die Zeit möglich. Damit nimmt der „transparente Betrieb" Gestalt an. Nachgerade eigendynamisch ist er das Ergebnis von Einzelentscheidungen für höhere Transparenz über immer neuere und stärkere Vernetzung dieser unterschiedlichen Informationssysteme. Damit wächst das Kontrollpotential auf der Seite des Unternehmens immer weiter an. Die vom Markt geforderte Flexibilität und deren angestrebte Umsetzung über Planungs- und Steuerungssysteme erfordern deshalb einen *sozialen*

Gestaltungsprozeß, der technik-zentrierten Orientierungen Schranken setzt und damit Bedingungen „sozialer Produktivität" sichert. Obwohl den Strategien „radikale(r) Durch-Maschinisierung", „komplette(r) Durch-Organisierung" und „deterministische(r) Durch-Hierarchisierung"[15]) durch die Struktur der Arbeits- und Produktionsprozesse in der Maschinenbauindustrie Schranken gesetzt sind, dürfen die Umbrüche in den Arbeitsformen und betrieblichen Strukturen nicht unterschätzt werden.

Da neue Technik akzeptiert werden muß, ergeben sich ganz neue Partizipationschancen

Es ist deshalb in der Tat fraglich, ob die zwischen Unternehmensleitung und Beschäftigten notwendig werdenden neuen Arrangements in einem „Modernisierungspakt" unter der Regie des Managements liegen können[16]) oder ob nicht vielmehr eigenständige Vorgaben für eine „sozialverträgliche" Gestaltung der Produktion aus der Perspektive der Arbeit gefordert sind[17]).
Gerade weil die neuen technologischen Innovationen für eine betrieblich effektive Nutzung auf „soziale Akzeptanz" angewiesen sind, eröffnen sich jetzt qualitativ neue Partizipationschancen. Sie ermöglichen nicht mehr nur wie bisher, auf den Entscheidungsprozeß Einfluß zu nehmen, sondern machen eine *Mitwirkung bei der Planung* erforderlich. Das setzt voraus, den Produktionsablauf und den Arbeitsprozeß als Ganzes in den Blick zu nehmen. Ebenso zu erkennen, daß die konsequente Nutzung des Kontrollpotentials der neuen Technologien zu der geforderten Flexibilität kontraproduktiv wirkt. Starr und inflexibel werden dadurch nicht nur die Fertigungsstrukturen und Arbeitsabläufe, sondern, durch das Anwachsen des Anweisungscharakters der Vorgaben, auch die Arbeit. Solche Formen der Arbeit verlaufen gegenläufig zum „Sachverstand" der Produktionsfacharbeiter und zu ihrer produktiven „Phantasie", die sie ohne Anweisung *eigeninitiativ* in den Arbeitsprozeß einbringen[18]). Der Verzicht auf solche produktive „Improvisationsleistungen" führt außerdem zum Verlust „sozialer Produktivität", die von der Technik nicht geleistet werden kann.
Die sich herausbildenden „neuen Arbeitsformen" und „neuen Produktionskonzepte" sind allerdings auch vor dem Hintergrund der neuen Qualität der *Sozialkontrolle* zu beurteilen. Als Instrument des Managements eröffnet sie ganz neue Methoden der *Personalauswahl- und -einsatzpolitik.* Sie ist es vor allem, die zur Mobilisierung des Mißtrauens unter den Arbeitern sowie zwischen Arbeit und Unternehmensleitung führt und Verunsicherung im Arbeitsverhalten erzeugt. Produktions- und Qualitätseinbußen einerseits, Arbeitsstreß, Entwertung vorhandener Qualifikationen und schließlich Arbeitsplatzverlust andererseits, sind dafür der Preis.

Anmerkungen

[1]) Vgl. dazu exemplarisch Bravermann, Die Arbeit im modernen Produktionsprozeß, Frankfurt/M., New York 1977 (zuerst 1974) und Bell, D., The Coming of Post-Industrial Society. A Venture in Social Forecasting, London 1974 sowie die neueren Forschungsarbeiten der Sozialwissenschaftlichen Forschungsinstitute IFS/Frankfurt/M., SOFI/Göttingen und ISF/München und der Projektgruppe Automation und Qualifikation/Berlin.

[2]) Vgl. dazu vor allem die theoretisch-analytischen Schriften des Instituts für Sozialforschung/Frankfurt/M. zum „Theorem der reellen Subsumtion" sowie Brandt, G., Kündig, B., Papadimitriu, Z. u. Thomae, J., Computer und Arbeitsprozeß. Eine arbeitssoziologische Untersuchung in ausgewählten Betriebsabteilungen der Stahlindustrie und des Bankgewerbes, Forschungsberichte des Instituts für Sozialforschung Frankfurt/M., Frankfurt/M., New York 1978.

[3]) Vgl. dazu exemplarisch die Studie von Mickler, O., Facharbeit im Wandel, Rationalisierung im industriellen Produktionsprozeß, Frankfurt/M., New York 1981 – Studienreihe des Soziologischen Forschungsinstitutes Göttingen (SOFI).

[4]) Turchetto, M., L'Organizzazione del lavoro nella dinamica attuale del modo di produzione capitalistico, in: Lavoro – Scienza – Potere, Milano 1981.

[5]) Vgl. dazu die Debatte und Literatur zur Neuregelung der Arbeitszeit, vor allem zur Kontroverse um die „35-Stunden-Woche".

[6]) Die Darlegungen stützen sich auf eigene erste empirische Beobachtungen. Sie werden durchgeführt in dem gemeinsam mit E. Hildebrandt und R. Seltz entwickelten Forschungsprojekt „Politik und Kontrolle bei computergestützter Produktionsplanung und Steuerung", das am Internationalen Institut für Vergleichende Gesellschaftsforschung/Arbeitspolitik am Wissenschaftszentrum Berlin durchgeführt wird. Ein gerade abgeschlossenes Forschungsprojekt in diesem Bereich wurde am SOFI/Göttingen durchgeführt von Manske, F., Wobbe-Ohlenburg, W. unter Mitarbeit von O. Mickler, Rechnergestützte Systeme der Fertigungssteuerung in der Kleinserienfertigung – Auswirkungen auf die Arbeitssituation und Ansatzpunkte für eine menschengerechte Arbeitsgestaltung, unveröff. Forschungsbericht 1985.

[7]) Hildebrandt, E., Seltz, R., Gesellschaftliche Technologiepolitik zwischen Statussicherung und Arbeitsgestaltung, Manuskript zum 22. Deutschen Soziologentag 1984.

[8]) Manacorda, P., Lavoro e intelligenza nell'età microelettronica, Milano 1984.

[9]) Vgl. Lutz, B., Technik und Arbeit. Stand, Perspektiven und Probleme industriesoziologischer Technikforschung, in: DFG (Hrsg.), Forschung in der Bundesrepublik Deutschland, Weinheim 1983, und Lutz, B. und Schultz-Wild, R., Tendenzen des Wandels der Arbeitswelt bei fortschreitender Automatisierung.

[10]) Hirsch-Kreinsen, H., Organisation mit EDV, Frankfurt/M. 1984.

[11]) Manske, F./Wobbe-Ohlenburg, W., Computereinsätze im Bereich technischer Angestellter zur Veränderung von produktionsvorbereitenden und -steuernden Arbeiten im Bereich der Kleinserie durch CAP/CAM, in: WSI-Mitt. 2/83.

[12]) Kern, H./Schumann, M., Das Ende der Arbeitsteilung?, Rationalisierung in der industriellen Produktion, München 1984.

[13]) Altmann, N., Binkelmann, P., Düll, K., Stück, H., Grenzen neuer Arbeitsformen. Betriebliche Arbeitsstrukturierung, Einschätzung durch Industriearbeiter, Beteiligung der Betriebsräte, Institut für Sozialwissenschaftliche Forschung, München 1982, und Düll, K., Einige kritische Überlegungen zum Ende der Arbeitsteilung, Koreferat zum Vortrag von Horst Kern und Michael Schumann: „Industriearbeit im Umbruch – Versuch einer Voraussage", Ms. zum 22. Deutschen Soziologentag 1984.

[14]) Vgl. dazu ausführlicher Dörr, G. und F. Naschold, Arbeitspolitische Entwicklungen in der Industriearbeit. Zum Zusammenhang von Belastung, Qualifikation und Kontrolle, in: Materialien zur Industriesoziologie, KZfSS, Sonderheft 24/1982.

[15]) Kern, H., Schumann, M., a.a.O. S. 151.

[16]) Düll, K., Gesellschaftliche Modernisierungspolitik durch neue „Produktionskonzepte"?, in: WSI Mitt. 3/85.

[17]) Schmidt, R., Zu den arbeitspolitischen Chancen und Grenzen neuer Produktionskonzepte, in WSI-Mitt. 3/85.

[18]) Vgl. dazu auch Dörr, G., Schranken betrieblicher Transparenz, Schranken betrieblicher Rigidität – eine Problemskizze zum Umbruch von Arbeitsformen im Maschinenbau, in: Naschold, F., (Hrsg.), Arbeit und Politik: Gesellschaftliche Regulierung der Arbeit und der sozialen Sicherung, Frankfurt/M., New York 1985.

Werner Dostal

Neue Technologien als Job-Killer?

Quantitative und qualitative Auswirkungen neuer Technik auf den Arbeitsmarkt

Die Diskussion ist verwirrend

Vor dem Hintergrund gravierender Arbeitsmarktungleichgewichte werden technische Entwicklungen heute viel mißtrauischer betrachtet als in Zeiten der Vollbeschäftigung. Die Neuen Technologien werden pauschal als Job-Killer, als Bedrohung von Mensch und Umwelt und als Zerstörer zwischenmenschlicher Beziehungen abgekanzelt. Auf der anderen Seite wird öffentlich verkündet, daß nur durch entsprechende Innovationen und durch die weitere Förderung des technischen Fortschritts unsere Arbeitsplätze erhalten und vielleicht sogar ausgeweitet werden können. Gründerzentren und Innovationsberatungsstellen sind überall eingerichtet worden, um ja nicht die Entfaltung schöpferischen Ingenieurgeistes zu behindern.

Die gesellschaftliche Bewertung neuer Technologien muß heute die Arbeitsmarktsituation und die Beschäftigungswirkung viel intensiver berücksichtigen als das früher nötig war. Im Rahmen der Technologiepolitik sind beschäftigungspolitische Argumente heute von besonderer Bedeutung. Manche, zunächst als nicht ganz sinnvoll erscheinende Technologiestrukturen werden mit dem Hinweis auf ihre arbeitsplatzschaffende Wirkung plötzlich diskussionswürdig.

Es sei dahingestellt, ob diese Argumentationen nützlich oder störend sind. Sie lassen sich – zumindest in der Öffentlichkeit – so leicht nicht beeinflussen. Für die konkrete Beurteilung der Situation ist es aber außerordentlich wichtig, die Stichhaltigkeit derartiger Argumente zu prüfen und zu überlegen, welche Möglichkeiten für eine Gesundung des Arbeitsmarktes derzeit zur Verfügung stehen.

Die Arbeitslosigkeit heute hat zunächst einmal nichttechnische Ursachen

Die jedes Jahr lauter geführte Diskussion um die Frage, ob nun zum Herbst alle Anwärter auf Ausbildungsstellen einen Ausbildungsplatz

finden, charakterisiert gleichzeitig ein wesentliches Arbeitsmarktproblem unserer Zeit:
Die *geburtenstarken Jahrgänge* der sechziger Jahre erreichten inzwischen das Beschäftigungssystem. Sie haben zunächst das Bildungssystem belastet und stehen jetzt vor dem Eintritt in die Erwerbstätigkeit. Während die *Ausbildungsplätze* ein eher *kurzfristiges Problem* darstellen, das inzwischen schon dadurch einer Lösung näher kommt, daß man Ausbildungsplätze in Bereichen geschaffen hat, in denen die Auszubildenden auch produktiv tätig sein können, wird deren *Dauerbeschäftigung das größere Problem* sein. Der erhöhte Bedarf nach Arbeitsplätzen führt gleichzeitig zu einer starken *Erhöhung der Erwerbsquote,* da im relevanten Zeitraum die Gesamtbevölkerung schon wieder leicht zurückgeht.
Die Dimension der demographischen Belastung des Arbeitsmarktes ist erheblich. Von 1976 bis 1989 handelt es sich hier um etwa 2 Millionen Personen, die zusätzlich auf dem Arbeitsmarkt erscheinen. Bis heute waren es etwa 1,5 Millionen. Die heutige Arbeitslosigkeit von über 2 Millionen Personen ist durch die demographische Entwicklung eigentlich schon weitgehend erklärt *(Abbildung 1).*
Diese Argumentation ist natürlich nur sinnvoll, wenn ein *konstantes Volumen von Arbeitsplätzen unterstellt* wird, was so *nicht realistisch* ist. Die Ressource Arbeit kann Wohlstand erhöhen. Dringende Aufgaben in der Gesellschaft, von denen es derzeit immer noch genügend gibt, können mit ihr leichter erledigt werden. Arbeitslosigkeit ist nur ein Indiz für mangelnde Gestaltungsfähigkeit gesellschaftlicher und ökonomischer Abläufe.

Abbildung 1: Arbeitsmarktbilanz

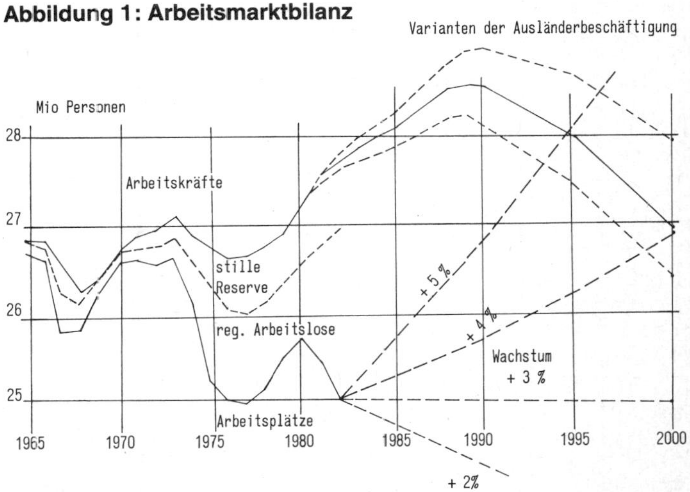

Aus diesem Grunde sind *Wachstumsstrategien immer auch Beschäftigungsstrategien.* Wenn das Wachstum die Rate des ökonomisch definierten technischen Fortschritts übersteigt, dann ist Mehrbeschäftigung erreichbar. Diese Wachstumsprozesse haben sich in den letzten Jahren *abgeschwächt,* und dies ist für die heutige Arbeitslosigkeit mit verantwortlich. Die Gründe dafür sind vielschichtig, *nationaler sektoraler Strukturwandel* wirkt sich dort mindestens genauso stark aus wie die *internationale Konkurrenz.* Ökonomische Theorien und Handlungsmodelle stehen in genügender Zahl zur Diskussion, mit dem jeweiligen Anspruch, diese Probleme lösen zu können.
Hier sollen diese Fragen nicht weiter vertieft werden. Zusammenfassend kann nur konstatiert werden, daß die derzeitigen Arbeitsmarktprobleme mit nichttechnischen Argumenten (demographische Entwicklung) und mit ökonomischen Argumenten (Wachstum/Schrumpfung) schon weitgehend erklärt werden können. Auf die eher technologiebezogenen Gründe braucht zunächst eigentlich nicht eingegangen zu werden.

Die positiven wie negativen Auswirkungen Neuer Technik werden immer erst viel zu extrem eingeschätzt

Es ist schon immer Eigenart der Technik gewesen, daß sie sich in ständig veränderten Produkten und Problemlösungen präsentiert. *Nicht die Technik an sich,* nicht der technische Stand bestimmt ihre Bedeutung, *sondern ihre Veränderung,* der technische Wandel oder, wie es hier im Thema formuliert ist, die neuen Techniken.
Neue Techniken haben immer fasziniert. Allein schon die Möglichkeit, durch Technik die den Menschen gegebenen Möglichkeiten zum Guten und zum Schlechten auszuweiten, hat Euphorie und Fortschrittsangst gleichermaßen erzeugt. Bestehende oder traditionelle Technik wird häufig gar nicht mehr als Technik empfunden, sondern als integriertes Element menschlicher Umwelt. Dagegen wird mit neuer Technik, mit technischem Fortschritt ein eher janusköpfiges Phänomen bezeichnet, das gute und schlechte Früchte mit sich bringt. Gut und schlecht läßt sich hier nicht isoliert definieren, sondern kann nur auf die jeweiligen Rahmenbedingungen bezogen werden. So kann die Arbeitskräfteeinsparung durch Technik einerseits gefeiert werden als die Rückkehr ins Paradies arbeits- beziehungsweise mühefreier Selbstverwirklichung, andererseits als Zerstörung der gesellschaftlichen Strukturen, die auf die Erwerbsarbeit aufgebaut sind.
Um konkreter zu werden, soll jetzt noch auf eine Besonderheit eingegangen werden, die bei der Bewertung technischen Wandels die Beurteilung erschwert. Anwendung und Auswirkung neuer Technik sind zunächst wegen der *fehlenden Erfahrung* noch nicht allzu genau einzuschätzen. Man verbindet mit ihnen eher die Hoffnungen und Äng-

ste, die man aus bisherigen, anderen Technologien ableitet. Ein Vergleich traditioneller Technik mit neuer Technik führt deswegen immer zu dem Paradox, daß die gesellschaftlichen Technikwirkungen zukünftiger Technik extremer eingeschätzt werden. Während bei traditioneller Technik Möglichkeiten und Grenzen viel enger definiert und abgegrenzt sind, ist der *Interpretationsfreiraum* moderner, bisher noch nicht in der Realität erprobter Technik weit umfassender. Sowohl die Euphorie über die Nutzbarkeit dieser Technik als auch die Angst vor den Gefahren dieser Technik sind viel extremer, als es sich dann in der späteren Entwicklung zeigt. Dies gilt insbesondere für die *Beschäftigungswirkungen,* da nämlich bei diesen Mechanismen wirken, die vor allem in den Tarifparteien institutionalisiert sind und die dazu führen, daß vielleicht technisch denkbare und mögliche Arbeitskräfteeinsparungen nach einer Betriebsvereinbarung doch kräftig abgemildert sind.
Aus diesem Grunde erscheint es sinnvoll, bei der Behandlung der Beschäftigungswirkungen neuer Technologien zunächst sehr vorsichtig die Extrempositionen, nach der einen wie der anderen Seite, zu reduzieren.

Der Beschäftigungswandel läuft tatsächlich ganz anders als in den Modellrechnungen

In der öffentlichen Diskussion spielen quantitative Beschäftigungseffekte bei der Beurteilung der Arbeitsmarktwirkungen neuer Technologien eine dominante Rolle. Immer wieder werden quantitative Szenarien ausgebreitet, in denen die Beschäftigungseffekte einer bestimmten Technik abgegrenzt werden. Beispielsweise wird erklärt, daß mit dem Einsatz einer bestimmten Maschine die Arbeit von fünf Arbeitnehmern plötzlich von zweien geleistet werden könne. Da in dieser Branche für diese Tätigkeit etwa 500000 Arbeitnehmer beschäftigt seien, ergäbe sich dann eine Einsparung von 300000 Personen, die dann sämtlich arbeitslos würden. Derartige Berechnungen werden immer wieder vorgenommen, sie lassen sich aber in der Praxis in der Regel nicht in dieser Weise nachvollziehen. Denn dort läuft der Beschäftigungswandel ganz anders ab:

- Zunächst wird nur mit einem *Prototyp ausprobiert,* inwieweit diese Technik überhaupt realisierbar ist. Gleichzeitig werden ähnliche Arbeitsaufgaben noch mit traditioneller Technik weiter ausgeführt. Der Beschäftigungseffekt bezieht sich dann nur auf wenige Arbeitsplätze.
- Die neue Technik läßt sich sinnvoll *nur in ganz bestimmten Betriebsgrößen oder Fertigungsstrukturen* einführen. Alle anderen Bereiche, in denen zwar ähnliche Arbeitsaufgaben geleistet werden, der Einsatz dieser neuen Technik aber schwieriger erscheint, lassen sich durch diese Technik nicht rationalisieren.

– Bei der Veränderung der Arbeitsorganisation stellt man plötzlich fest, daß mit der manuellen Tätigkeit auch Arbeitsaufgaben erledigt worden sind, die bisher nicht wahrgenommen worden sind, aber von den Arbeitskräften im Zuge ihrer übrigen Tätigkeit mit abgewickelt wurden.
  Bei der Veränderung stellt man dann fest, daß man für diese *Zusatzaufgaben* wieder zusätzliches Personal benötigt. Die Einsparungen sind dann entsprechend geringer.

Diese Argumentationen ließen sich beliebig fortführen. Arbeitskräfteeinsparungen aufgrund einer bestimmten Technologie lassen sich nur in *Fallstudien* ermitteln, in denen die Rahmenbedingungen sehr genau untersucht und abgegrenzt werden müssen. Es ist *unzulässig,* diese punktuell durchgeführten Fallstudien auf alle Beschäftigten *hochzurechnen.*
Übrigens werden derartige Untersuchungen im wesentlichen dann vorgenommen, wenn die jeweilige Technik als besonders innovativ und arbeitskräftesparend eingeschätzt wird. Bei anderen Technologien wird nicht untersucht, da man hier derartige spektakuläre Ergebnisse von vornherein nicht erwartet. Damit erfolgt oft eine Überschätzung der Technikwirkungen.

Die neuer Technik innewohnenden Freisetzungseffekte lassen sich kompensieren

---

Wegen der Singularität nachweisbarer Beschäftigungseffekte an einzelnen Arbeitsplätzen ergeben sich enorme Differenzen zwischen den über Fallstudien individuell ermittelten Beschäftigungseffekten und den *globalen Beschäftigungsveränderungen,* wie sie aus Globalstudien oder aus der Statistik ganzer Wirtschaftszweige oder Volkswirtschaften ermittelt werden. Hiobsbotschaften über die Arbeitsplatzvernichtung in ganzen Wirtschaftszweigen lassen sich ein Jahr später anhand der durch die Statistik nachgewiesenen Beschäftigungsveränderungen selten wiederfinden. Dies gilt übrigens sowohl im positiven als auch im negativen Sinne. So können wir in den letzten Jahren weder die Arbeitsplatzverluste beispielsweise bei der Post durch den Übergang zur Telekommunikation erkennen, noch können wir die beschäftigungsfördernden Effekte neuer Technologien im Bereich der Elektrotechnik in der globalen Beschäftigungsentwicklung erkennen. Es ist schon einigermaßen paradox, wenn im Zeitalter der anbrechenden Informationsgesellschaft die Beschäftigung im Bereich der Elektrotechnik zurückgeht, im Bereich der Automobilindustrie zunimmt *(Abbildung 2).*
Aus diesem Verwirrspiel kann man sich nur retten, in dem man methodisch saubere Strukturen nachvollzieht und versucht, aktuelle Phänomene hier einzugliedern. Der Technikeinsatz im Betrieb, das heißt die Nutzung technischer Investitionsgüter zur Produktion weiterer Güter

oder von Dienstleistungen muß immer den Zweck haben, die anstehende Leistung *günstiger* zu erstellen. Günstiger heißt vor allem, daß dies mit geringeren Kosten geschieht. Die *drei wesentlichen Kostenelemente* in der Produktion sind die *Arbeitskosten*, die *Investitionskosten* und die *Material- und Energiekosten.* Betriebswirtschaftlich wird argumentiert, je nach Kostenhöhe würden die Betriebe die entsprechenden optimalen Allokationsstrukturen suchen. Untersucht man diese Zusammenhänge, dann kann man allerdings feststellen, daß *dieser Mix der verschiedenen Kostenarten häufig über Jahre und Jahrzehnte weitgehend konstant* blieb. Dies hängt wohl damit zusammen, daß auch Investitionen und Materialien von Arbeitskräften erstellt bzw. gehoben werden und damit deren Arbeitskosten dominant in die Gesamtkosten eingehen. Deshalb haben neue Technologien nicht unbedingt zu neuen Kostenstrukturen geführt.
Stark vereinfacht läßt sich die Frage der quantitativen Beschäftigungseffekte neuer Techniken reduzieren auf *ein Modell der Kom-*

Abbildung 2: Beschäftigungsveränderungen in ausgewählten Zweigen des verarbeitenden Gewerbes

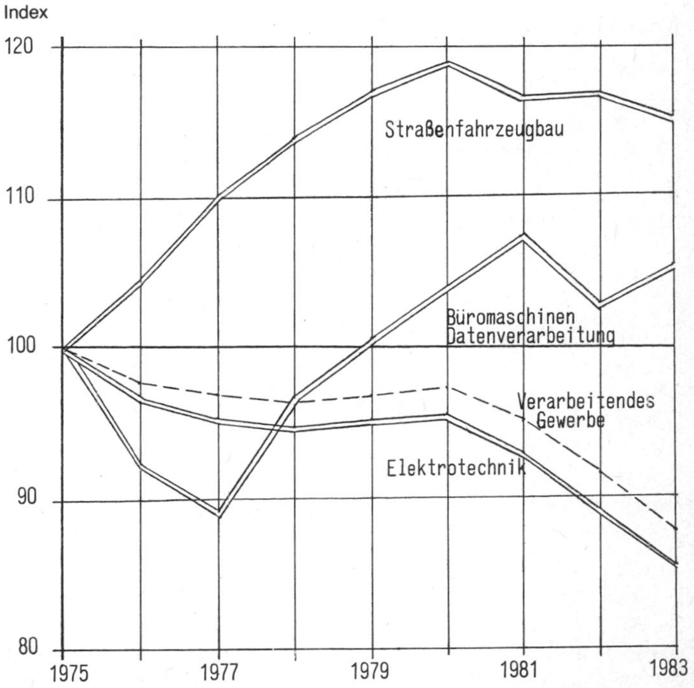

pensationsbeziehungen. Die der Technik innewohnenden Rationalisierungseffekte können kompensiert werden

- durch quantitatives Wachstum,
- durch qualitatives Wachstum und/oder
- durch eine entsprechende Verringerung des Arbeitsvolumens.

Quantitatives Wachstum – kein Garant mehr für langfristige Mehrbeschäftigung

Negative Begleiterscheinungen großtechnischer Anlagen und der breiten Nutzung technischer Produkte haben in der Öffentlichkeit das Bewußtsein herbeigeführt, daß man Technik sehr kritisch prüfen solle, inwieweit sie umwelt- und gesellschaftsverträglich ist. Nachdem bislang das quantitative Wachstum verhältnismäßig ungestört ablaufen konnte, zeigen sich inzwischen einige Sättigungstendenzen. Allerdings gibt es immer noch genügend Bedarf und Wünsche, die noch nicht erfüllt sind. Diese Wünsche bestehen nicht nur innerhalb der Bundesrepublik, sondern auch außerhalb, insbesondere in den Entwicklungsländern. Quantitatives Wachstum wird auch zukünftig in vielen Bereichen notwendig und wünschenswert sein.
Es ist eine wichtige Frage, ob die Produkte und Leistungen so modifiziert werden können, daß sie menschengerecht und umweltfreundlich sind. Die Ansätze hierzu sind da, es bedarf nun entsprechender Rahmenbedingungen, damit sie sich breit durchsetzen.
Die Beschäftigungseffekte quantitativen Wachstums sind heute nur noch begrenzt sichtbar. Menschliche Arbeit beschränkt sich immer mehr auf Überwachung und Kontrolle, so daß auf Produktionsausweitungen nicht unbedingt neue Arbeitsplätze folgen. Immer wieder wird deutlich, daß Auslastungssteigerungen und Kapazitätserhöhungen mit bestehendem Personalbestand oder vielleicht sogar verringertem Personalbestand möglich sind. Outputsteigerung muß nicht zu Mehrbeschäftigung führen, wenn die Produktion von Gütern oder das Angebot an Dienstleistungen bereits weitgehend automatisiert sind. Das quantitative Wachstum, so sehr es auch gesellschaftlich akzeptabel ist, ist kein Garant für eine langfristige Mehrbeschäftigung.

Eher schon positive Beschäftigungswirkungen durch qualitatives Wachstum

Da quantitatives Wachstum in den letzten Jahren ins Gerede gekommen ist, weil viele mißliche Zustände unserer Gesellschaft und unserer Umwelt darauf zurückgeführt werden, wurde das qualitative Wachstum propagiert. Damit ist vor allem eine *Verbesserung vor-*

handener Produktionsstrukturen und Dienstleistungen gemeint. Dieses qualitative Wachstum steht in enger Beziehung zur *Innovation,* da besonders von Innovationen derartige Impulse zum qualitativen Wachstum erwartet werden. Im übrigen ist das qualitative Wachstum nicht weiter definiert. Man erhält oft den Eindruck, daß es vorwiegend durch mehr Beschäftigung und durch die Beschäftigung Höherqualifizierter erreichbar wäre. Dies wird unterstrichen durch die Entwicklung im Dienstleistungsbereich, in dem in den letzten Jahren ständig eine Mehrbeschäftigung realisiert werden konnte. Schätzt man Dienstleistungen als qualitativ höherwertig als Produkte ein, dann ist per Definition eine Zunahme der Dienstleistungen qualitatives Wachstum. Dies wird noch bestätigt durch die Tatsache, daß Dienstleistungen vorwiegend durch Höherqualifizierte erbracht werden.
Auch neue Dienstleistungen und insbesondere forschungs- und entwicklungsintensive Produkte werden immer wieder als Elemente qualitativen Wachstum dargestellt. Auch hier läßt sich nachweisen, daß in den letzten Jahren die Beschäftigung gerade in diesen Bereichen deutlich zugenommen hat. Der Schluß, daß qualitatives Wachstum sozusagen automatisch neue Beschäftigung ermögliche, liegt deshalb nahe.
Grenzen für die Beschäftigung in den Bereichen qualitativen Wachstum liegen im mangelnden *Qualitätsbewußtsein der Kunden.* So zeigen sich derzeit bei der Übernahme qualitativ hochwertiger Dienstleistungsangebote, wie es beispielsweise die Breitbandkommunikation ist, daß hier offenbar nicht genügend kaufkräftige Nachfrage besteht, um die anspruchsvollen Prognosen zu verwirklichen.

Kürzere und flexiblere Arbeitszeiten als Lösung?

Die verschiedenen Möglichkeiten zur Reduzierung des globalen Arbeitsvolumens – also Arbeitszeitverkürzung – werden aus der Sicht der Technik häufig als letzte Lösung, wenn andere Maßnahmen nicht mehr greifen, angesehen. Diese Betrachtungsweise sollte aber doch revidiert werden. Die Wählbarkeit, aus individueller Sicht das persönliche Arbeitsvolumen zu bestimmen, nimmt auch heute noch einen breiten Raum in der Lebensplanung des Einzelnen ein. So geringfügige Maßnahmen wie die *gleitende Arbeitszeit* haben viele schwierige Arbeitsbedingungen entspannen helfen können, und auch weitergehende Maßnahmen zur *Flexibilisierung* der Arbeitszeit – der Wochenarbeitszeit, der Jahresarbeitszeit oder der Lebensarbeitszeit – haben sicher positive gesellschaftspolitische Auswirkungen. Aus diesem Grunde sollte die Reduktion des Arbeitsvolumens nicht als schlechte Lösung angesehen werden *(Abbildung 3).*
Durch die Möglichkeiten moderner Technik lassen sich gerade in der Organisation flexibler Arbeits*zeiten* und auch flexibler Arbeits*orte*

neue Formen verwirklichen, wie sie bislang ohne derartige Technik kaum realisierbar waren. Ob aber eine Flexibilisierung der Arbeitszeit automatisch auch zu einer Reduzierung des gesamten Arbeitsvolumens führt, läßt sich nicht klar abschätzen. Es ist genausogut *möglich,* daß durch flexible Arbeitsangebote *neue Gruppen von Erwerbstätigen auf dem Arbeitsmarkt* erscheinen, die bislang wegen der starren Rahmenbedingungen noch keine Erwerbsmöglichkeit sehen. Sollte sich herausstellen, daß die Flexibilisierung der Arbeitszeit nicht zu einer Verringerung des Arbeitsvolumens führt, dann müssen Anreize zur Reduzierung des individuellen Arbeitsvolumens geschaffen werden.

Abbildung 3

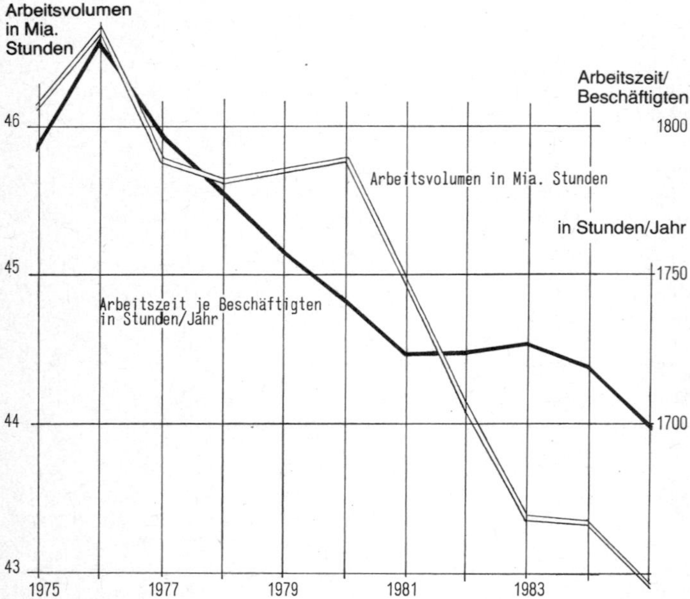

Beschäftigungsnischen im Dienstleistungsbereich?

Immer wieder wird die Frage diskutiert, ob durch gezielte Technologieförderung neue Beschäftigungsmöglichkeiten im Produktionsbereich geschaffen werden könnten. Dazu werden sehr viele varianten-

reiche Ideen produziert. Bei einer Sicht, die den globalen Strukturwandel umfaßt, muß aber angenommen werden, daß langfristig der produzierende Bereich keine Beschäftigungsausweitung mehr erleben wird *(Abbildung 4)*. Beschäftigungsprogramme sollten deshalb vorwiegend im Dienstleistungsbereich gefördert werden, da dort am ehesten qualitatives Wachstum und Dauerbeschäftigung erreichbar erscheinen.
Die Unsicherheit über die echten quantitativen Effekte neuer Technologien haben dazu geführt, daß man sich viel intensiver mit den qualitativen Effekten befaßt. Darunter versteht man vor allem die Veränderungen bei den *Arbeitsaufgaben,* bei den *Arbeitsbedingungen* und bei den *Arbeitsanforderungen.*

Abbildung 4: Sektorale Beschäftigungsentwicklung

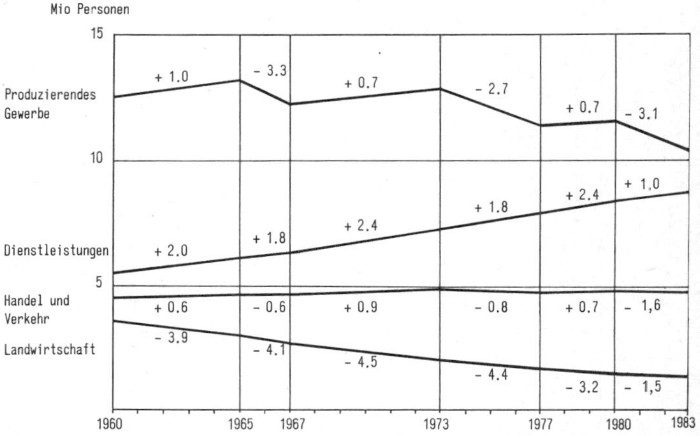

Zahlenangaben: Durchschnittliche jährliche Beschäftigungsveränderungen in Prozent

Qualitative Beschäftigungseffekte durch Veränderung der Arbeitsaufgaben

Die Tendenz moderner Technik, die Abläufe automatisch durchzuführen, verringert die erforderliche Arbeitsleistung und verändert die verbleibenden Arbeitsaufgaben. Während *früher* Tätigkeiten *unmittelbar am Produkt* dominant waren, wie das Heben, das Bearbeiten und das Halten der Werkstücke bei der Bearbeitung, so sind heute gerade diese Handhabungs- und Transporttätigkeiten in den Hintergrund gerückt.
Heute laufen technische Prozesse zunehmend in geschlossenen Systemen ab, und die Aufgaben der Arbeitskräfte konzentrieren sich

jetzt vor allem auf die *Einrichtung,* die *Überwachung,* die *Optimierung* und die *Reparatur* dieser Systeme. Der Betrieb der Systeme läuft weitgehend vollautomatisch ab und erfordert nur Eingriffe in Sonderfällen. Durch die Möglichkeiten flexibler Automatisierung lassen sich derartige hochkomplexe Anlagen auch für die Fertigung von Einzelstücken nutzen, wodurch ein Großteil traditioneller Werkstättenfertigung in den Bereich verketteter Fließfertigung übertragen werden kann.
Diese im Fertigungsbereich erkennbare Entwicklung vollzieht sich ähnlich *auch im Büro.* Auch dort halten Techniken Einzug, durch die viele traditionelle Arbeitsaufgaben entweder überflüssig werden oder so verändert werden, daß sie immer mehr technikbezogen sind. Auch hier wird sich die Entwicklung von der Bearbeitung hin zur Überwachung vollziehen.
Beiden gemeinsam ist die Schaffung *künstlicher Bedienungsnahtstellen,* in denen ein Modell des Prozesses abgebildet ist und das von den Arbeitskräften durch entsprechende Eingaben an einem Bildschirm-Terminal bedient wird. Diese „künstlichen" Arbeitsplätze sind so universell einsetzbar, daß auf Dauer damit gerechnet werden kann, daß ein Großteil der Arbeitstätigkeiten zukünftig entweder allein oder als Ergänzung sonstiger Arbeitsumgebung über derartige Bildschirmterminals verfügt. Es ist nur zu hoffen, daß der Komfort an diesen Nahtstellen weiter verbessert wird und daß das Lesen von Bildschirminhalten und das Drücken von Tastaturen durch Sprechen und Hören ergänzt wird.

Die Veränderung der Arbeitsbedingungen erfolgt nie zwangsläufig aus der Technik

Mit der Veränderung der Arbeitsaufgaben haben sich auch die Arbeitsbedingungen geändert. Die *unmittelbaren Belastungsaspekte* wie Lärm, Schmutz und Unfallgefahren sind massiv zurückgegangen, da die Arbeitstätigkeiten sich von der Maschinerie entfernt haben. Je weiter Anlagen automatisiert sind, um so umfassender müssen sie auch vor Menschen abgeschirmt werden, da sonst Fehlbedienungen oder Fehlfunktionen recht gefährlich werden können. Die *räumliche Entkopplung von Arbeitsaufgabe und Arbeitsprozeß* hat gleichzeitig die Arbeitsbedingungen – gemessen an traditionellen arbeitswissenschaftlichen Kriterien – verbessert. Gleichzeitig haben aber auch Maßnahmen zur *Humanisierung* des Arbeitslebens hier entscheidende Verbesserungen mit sich gebracht. Dazu gehören vor allem auch *organisatorische Veränderungen* wie die Umgestaltung innerbetrieblicher Hierarchien, Veränderungen der Arbeitszeitorganisation und neue Formen von Arbeitsteiligkeit und Arbeitszusammenfassung.
Durch die Entwicklung hin zu kontinuierlichen Arbeitsprozessen –

und dies gilt im produzierenden Bereich wie im Dienstleistungsbereich – werden *Schichtarbeitsformen* immer wichtiger. Innerhalb der Arbeitszeit geht Dauerbelastung weiter zurück, während Arbeitsbereitschaft dominant wird.
Die Veränderungen der Arbeitsbedingungen ergeben sich aber *nie zwangsläufig* aus der Technik selbst. Die neuen Möglichkeiten technischer Produktions- und Ablaufstrukturen müssen zunächst mit den organisatorischen Gegebenheiten zu einer Synthese verknüpft werden. Durch die Mikroelektronik hat sich dieser Prozeß ausgedehnt, da die Gestaltungsbreite für Arbeitsaufgaben und Arbeitsbedingungen noch weiter zugenommen hat. Dieses neue Gestaltungsfeld muß aber ausgefüllt und genutzt werden. *Von selbst* ergeben sich meist nur eher negativ zu beurteilende extreme Arbeitsteiligkeitsstrukturen, während neuartige, persönlichkeitsförderliche Arbeitsplätze immer das Ergebnis sehr langwieriger, schwieriger und umfassender *Gestaltungsarbeit* sind.

Flexible, lernfähige, kreative Arbeitskräfte sind gefordert

Die mit neuer Technik realisierbaren Arbeitsformen führen auch zu neuen Anforderungen an die Arbeitskräfte. Die Tätigkeiten erfordern meist *neue* oder in ihrer Zusammensetzung *veränderte Qualifikationselemente.* Traditionelle Qualifikationselemente werden häufig durch Technik entwertet, während gleichzeitig Bedarf nach neuen Qualifikationselementen auftritt, die noch nicht umfassend definiert sein können. Extrafunktionale Qualifikationen werden insbesondere in Übergangsphasen wichtiger, da hier zunächst noch nicht die genaue Struktur der Aufgaben und der Bedingungen bekannt ist. Damit erhalten flexible Mitarbeiter neue Einsatzmöglichkeiten, während sehr eng qualifizierte und wenig flexible Mitarbeiter große Probleme im inner- und außerbetrieblichen Arbeitsmarkt bekommen werden. Tendenziell ist auch heute noch eine Höherqualifizierung notwendig. Diese kann aber nicht allein in formalen Qualifikationsstufen begründet werden, da mittlerweile eine Mehrwertigkeit von Qualifikation dazu führt, daß die im Schulsystem weniger vermittelbaren Qualifikationen – dies sind vor allem *Berufserfahrungen, Lernfähigkeit* und *Kreativität* – mindestens genauso wichtig, wenn nicht wichtiger werden. Für diese gibt es bei der linearen Beurteilung von Qualifizierungsstrukturen auf der Basis vor allem schulischer *Zertifikate* kaum Nachweismöglichkeiten. Sie sind auch nicht nach Ebenen gestuft und deshalb kaum portabel. Arbeitgeber versuchen deshalb, über sekundäre Merkmale diese extrafunktionalen Qualifikationen aufzuspüren. Hier liegt ein weites Feld zukünftiger Qualifizierung und Zertifizierung.

Die Gestaltungsmöglichkeiten sind doch erheblich

Neue Techniken erfordern neue Beschäftigungsstrukturen und werden sich deshalb auch auf dem Arbeitsmarkt auswirken. Je neuer und weniger bekannt diese Techniken sind, desto unklarer werden die Arbeitsmarkteffekte.

Die quantitativen Beschäftigungseffekte müssen unsicher bleiben, da andere nichttechnische Effekte häufig so dominant sind, daß sie die direkten Effekte technischer Art überdecken und verändern. Aus einzelnen Fallstudien ermittelte quantitative Auswirkungen lassen sich nie auf die Gesamtwirtschaft hochrechnen, genauso wie allgemeine gesamtwirtschaftliche Entwicklungen sich nie auf eine spezielle Technik zurückrechnen lassen. Am ehesten sind derzeit Tendenzen qualitativer Beschäftigungsveränderungen durch die vorhandenen neuen Techniken erkennbar. Allerdings sind hier die Gestaltungsmöglichkeiten so erheblich, daß eine Vielzahl unterschiedlichster Varianten realisierbar ist, deren gesellschaftliche Verträglichkeit mit den gegebenen gesellschaftlichen Strukturen und mit der sich daraus ergebenden Bewertung der verschiedenen Varianten zusammenhängen.

Für die zukünftige Entwicklung ist deshalb wichtig, innerhalb dieser Rahmenbedingungen Stellenwert und Bedeutung technischer Veränderungen einzuordnen. Die sich aus der Technik ergebenden Effekte sollten – soweit es Prognosen sind – sehr kritisch beobachtet werden, da die dort aufgebauten Extrempositionen in der realen Entwicklung immer nur abgeschwächt auftauchen. Allerdings braucht es zu dieser Abschwächung funktionierende Diskussions- und Entscheidungsebenen, auf denen alle Beteiligten die Zukunft mitgestalten. Nur dann kann Technik als willkommener Helfer bei der Gestaltung einer menschenwürdigen und akzeptablen Gesellschaft mitwirken, ohne bewährte Grundstrukturen zu zerstören.

Werner Wild

Wie werden sich neue Technologien auf die Arbeitsbeziehungen auswirken?

Neue Technik und das Verhältnis von Unternehmern, Gewerkschaften und Betriebsräten

Die „Zukunft der Arbeit" und die Zukunft der Arbeitsbeziehungen

Darüber, *daß* der Einsatz mikroelektronischer Technologien die Arbeitsbeziehungen grundlegend verändern wird, ist man sich in allen Kreisen – unabhängig von der politischen Grundorientierung – einig. Diese Einigkeit reicht vom „Zukunftsbericht" der baden-württembergischen Landesregierung[1]) bis hin zu Einschätzungen aus dem „WSI", dem wirtschafts- und sozialwissenschaftlichen Institut des DGB[2]).

Relative *Einigkeit* besteht auch im Hinblick auf die *Ergebnisse,* die nach der Einführung für den Industrie- und Dienstleistungsbereich erwartet werden: *Qualität und Art der Arbeit werden sich ändern.* Ausgedrückt wird dies – je nach Interessenlage – mit unterschiedlichen Akzentuierungen. *Kern/Schumann*[3]) als auch *Naschold*[4]) sehen eine grundsätzliche „arbeitspolitische Wende" eingeleitet, die generell zu Arbeitsplätzen mit höheren und breiteren Qualifikationsanforderungen führen soll. Genauso sehen es die Autoren des „Zukunftsberichtes", wobei sie den Aspekt betonen, daß verbesserte Qualifikation und mehr Kompetenz zu *mehr Selbständigkeit* und *größerem Entscheidungsspielraum der Arbeitenden* führen würden[5]). Die Erwartungen dieser positiven Seiten eines Wirtschaftssystems auf der Grundlage der neuen Basistechnologie „Mikroelektronik" hat bereits einer ganzen Reihe wissenschafts-belletristischer Literatur zur Blüte verholfen[6]).

Strittig dagegen – die Auseinandersetzung um die 35-Stunden-Woche signalisiert dies einer breiten Öffentlichkeit – ist die Frage der *Übergangsphase,* die Einführungszeit der mikroelektronischen Technologien, die bis weit in die neunziger Jahre hinein veranschlagt wird. Zum einen besteht – ausgelöst durch den Bericht an den *Club of Ro-*

me – die Frage der *massenhaften Vernichtung von Arbeitsplätzen* zur Debatte[7]). Auffälligerweise verlaufen hier die Meinungsfronten zwischen Regierungen einerseits und wissenschaftlichen Prognosen sowie Gewerkschaften und ihnen nahestehenden Parteien andererseits. Während regierungsoffiziell die Probleme prinzipiell im Rahmen einer konjunkturellen Wachstumsstrategie für lösbar gehalten werden, hat sich der prognostische Bereich der Sozialwissenschaften in seinen Trendaussagen auf der Linie des *Club of Rome* eingependelt, wenn auch mit unterschiedlichen Ausprägungen. Zum zweiten ist im Zusammenhang der Theoreme zur „nachindustriellen"[8]) bzw. „postindustriellen Gesellschaft"[9]) und dem erwarteten massiven Abbau des Arbeitsvolumens bei *Dahrendorf* die Frage nach dem „Ende der Arbeitsgesellschaft" aufgekommen[10]), und *Claus Offe* hegt Zweifel, ob Arbeit noch als „soziologische Schlüsselkategorie" unterstellt werden kann[11]). Aber auch hier wird die Diskussion auf der Grundlage der nach Abschluß der langen Einführungsphase erwarteten Ergebnisse geführt, so daß die Diskussion um die „Zukunft der Arbeit" von *spekulativen Zügen* geprägt ist.
Wenn auch die Diskussion um die „Zukunft der Arbeit" oder der Arbeitsethik mit *unterschiedlichen Interessen* geführt wird, so ist es nicht trivial, die fast banal anmutende Aussage zu bemühen, daß neue Basistechnologien nicht vom Himmel fallen: Richtung, Ausmaß und Tiefe, „Gewinner und Verlierer" von Veränderungsprozessen, die durch neue Basistechnologien hervorgerufen werden, hängen letztendlich auch von den *Ausgangs- und Durchsetzungsbedingungen* ab.
Um diese *Fragestellung* soll es hier gehen: Einmal welche *prognostischen Rahmenbedingungen* sind für die Arbeitsbeziehungen relevant und zum zweiten, auf welche *Strukturen und Funktionen der Arbeitsbeziehungen* werden die neuen Technologien „abgebildet" und welche *Folgen* ergeben sich damit *für die Akteure.* Dabei werde ich mich auf einige Aspekte beschränken und insbesondere auf die *Gewerkschaften* abheben. Damit greife ich die Diskussion in einem bisher mehr oder weniger als Leerstelle behandelten Bereich auf, nämlich: Zukunft der Arbeitsbeziehungen. Diese Frage ist zwar weniger abstrakt, hat aber den Vorteil, weniger stark spekulative Seiten aufgreifen zu müssen, da für die ganze Diskussion ohnehin schon Prognosen bemüht werden[12]).

Als Machtbeziehungen sind Arbeitsbeziehungen immer nur relativ stabil

Begreift man Arbeitsbeziehungen als *Machtbeziehungen,* so ist es plausibel, anzunehmen, daß sie nur von *relativer* Stabilität sind. Das System der Arbeitsbeziehungen ist immer auch zu begreifen als ein System von Bandbreiten der relativen Stabilität der *Gesamtheit der formellen und materiellen Regelungen der Arbeitsverhältnisse* und ihrer Folgen im Rahmen längerfristiger Produktionsbedingungen[13]). Rolle, Stärke und Stellung der *Akteure* (Arbeitgeberverbände, Gewerkschaften und staatliche Institutionen) sind darauf angelegt, *Kontrolle über die Arbeitsmärkte* zu erlangen bzw. *Regulierungsverfahren unter konfliktminimierenden Aspekten* zu fördern. Neue Basistechnologien verändern Rahmenbedingungen und Aktionsparameter der betreffenden Akteure. Da in einer sozialen Marktwirtschaft die *Unternehmer* bzw. das *Management* hauptsächlich über die Aktionsparameter „Technologien" und „Organisationsautonomie" verfügen, ist es plausibel, anzunehmen, daß ihnen im Politikprozeß der vermachteten Arbeitsbeziehungen eine bessere Ausgangsposition zukommt. Aktionsparameter und Problemlösungskapazitäten, über die *Gewerkschaften* in solchen Phasen verfügen, rühren dagegen her aus der Vorphase, sie sind unter „alten" Bedingungen erhandelt und/oder erkämpft worden, und zur Diskussion steht, inwieweit diese formellen und materiellen Regelungen der Einflußnahme nützlich gemacht werden können.

Wie wird sich der Arbeitsmarkt entwickeln?

Angesichts des hohen Standes der Arbeitslosigkeit seit nunmehr zehn Jahren steht im Vordergrund des öffentlichen Interesses noch immer die Frage an die neuen Technologien, wie sie sich auf die Zahl der Arbeitsplätze auswirken werden. Für die Arbeitsbeziehungen ist das insofern wichtig, weil einmal dadurch die *soziale Basis der Gewerkschaften geschmälert wird* und zum anderen die ganzen *sozialstaatlichen Leistungen betroffen* werden, die ja nicht zuletzt auf der Leistung des einzelnen Arbeitnehmers beruhen.
Der regierungsoffizielle Optimismus, der auf die volkswirtschaftliche *Kompensationstheorie* setzt, das heißt daß entsprechend der verlorengegangenen Zahl von Arbeitsplätzen in der einen Branche in einer anderen – mit zeitlichen Verzögerungen – genausoviele oder gar noch mehr entstehen, wird von einer ganzen Reihe von Gutachten zur Arbeitsmarktentwicklung nicht geteilt. Wenn auch die Anlage der Untersuchungen über die Arbeitsmarktentwicklung im Kontext neuer Technologien ziemlich unterschiedlich ist, so kommen doch *Prognos, Battelle* und andere[14]) zu der Trendaussage: das Arbeitsplatzangebot stagniert, bzw. es ist eher zu erwarten, daß mehr Arbeitsplätze verlorengehen als neue geschaffen werden. Die von Welsch[15]) zusammengestellte *Tabelle 1* soll das noch einmal verdeutlichen.
Die Ursache dieser „arbeitsplatzsparenden" Wirkung der Mikroelektronik wird darin gesehen, daß sie zu einem sprunghaften *Anstieg der Produktivität* führen wird. Die Zahlen für das Ausmaß dieses Anstieges schwanken in Schätzungen erheblich; auch empirische Ergeb-

Tabelle 1: Mittel- und langfristige Prognosen für die achtziger Jahre

	Prognosen bis 1985					Prognosen bis 1990 bzw. 1995						
	DIW[1]) 1977 bis 1985	Prognos I[2]) 1977 bis 1985	Prognos II[3]) 1977 bis 1985	WestLB[4]) 1980 bis 1985	Mo[5]) 1980 bis 1985	Prognos I[6]) 1985 bis 1990	Prognos II[7]) 1986 bis 1990	Prognos II[8]) 1977 bis 1990	Mo[9]) 1986 bis 1990	Mo[10]) 1980 bis 1990	RWI I[11]) 1978 bis 1990	RWI II[12]) 1980 bis 1990
Bruttoinlandsprodukt (Bruttosozial-produkt), real	+3,3	+2,8	+3,1	+2,0	+3,2	+2,3	+3,4	+3,2	+3,0	+3,1	+2,6	+3,2
Arbeitsproduktivität je Erwerbstätigenstunde	–	+4,8	+4,1	+3,2	+4,5	+3,7	+4,1	+4,1	+3,9	+4,2	+4,0	+4,3
Arbeitszeit je Erwerbstätiger	–	−0,9	−0,9	−0,9	−0,9	−0,9	−0,9	−0,9	−0,9	−0,9	−1,1	−1,0
Arbeitsproduktivität je Erwerbstätiger	+3,3	+3,0	+3,2	+2,3	+3,6	+2,8	+3,2	+3,2	+3,0	+3,3	+2,9	+3,3
Erwerbstätige	+0,3	−0,3	−0,1	−0,3	−0,4	−0,5	+0,2	±0	±0	−0,2	−0,3	−0,1

Quellen: 1) Görzig, B., Pusse, L., Weiß, J.-P., Produktion und Erwerbstätige in den Wirtschaftszweigen der Bundesrepublik Deutschland bis 1985, in: DIW-Vierteljahreshefte zur Wirtschaftsforschung, 1980, S. 181, S. 186 f.; eigene Berechnungen. – 2) Prognos AG, Die Bundesrepublik Deutschland 1985–1990–1995, prognos report Nr. 9, Basel 1979, S. 134. – 3) Bundesminister für Forschung und Technologie (Hrsg.), Technischer Fortschritt – Auswirkungen auf Wirtschaft und Arbeitsmarkt, Untersuchung der Prognos AG und Mackinfosh Consultants Co. Düsseldorf–Wien 1980, S. 161; Prognos AG, Die Bundesrepublik Deutschland..., a.a.O., eigene Berechnungen. – 4) Westdeutsche Landesbank Girozentrale (Hrsg.), Prognose '85 – Die wirtschaftliche Entwicklung in der Bundesrepublik von 1981 bis 1985, in: WestLB Informationen S. 1/1981, Tabellenanhang Tabelle 10. – 5) Ifo, Spiegel der Wirtschaft 1979/80, S. 06, Ifo/ISI/Infratest, Technischer Fortschritt – Auswirkungen auf Wirtschaft und Arbeitsmarkt, Ergebnisband, München 1979, S. 110ff., eigene Berechnungen. – 6) Prognos AG, Die Bundesrepublik Deutschland ... a.a.O. – 7) Eigene Berechnungen aus: Der Bundesminister für Forschung und Technologie (Hrsg.), Technischer ..., a.a.O. – 8) Der Bundesminister für Forschung und Technologie (Hrsg.), Technischer Fortschritt ..., a.a.O. – 9) Ifo, Spiegel der Wirtschaft ..., a.a.O., eigene Berechnungen. – 10) Ebenda – 11) Rau, R., Warnken, J., Wolfmeyer, P., Arbeitsmarktperspektiven der achtziger Jahre, in: Wachstum und Struktur der deutschen Wirtschaft in den 80er Jahren, Tagungsband zum RWI-Symposium 1980, RWI-Papiere Nr. 10, S. 98, S. 101, S. 104. – 12) Halstrick, M., Rettig, R., Die Entwicklung der Bundesrepublik Deutschland bis zum Jahre 1990, in: RWI-Mitteilungen, Heft 3/1981, S. 122, S. 124, eigene Berechnungen.

nisse, die von einzelnen Unternehmen vorliegen, weisen eine ebensogroße Bandbreite auf[16]). Zu verallgemeinern sind diese Befunde schwer, da die Einführung mikroelektronischer Techniken in einzelnen *Branchen mit unterschiedlichem Tempo* vor sich geht und klar meßbare Befunde erst für die zweite Hälfte dieser Dekade zu erwarten sind. Dennoch: In vielen Untersuchungen wird eine „Schere zwischen Produktivitätsentwicklung und Wirtschaftswachstum" konstatiert[17]), das heißt die erwarteten relativ geringen Zuwachsraten des Wirtschaftswachstums können mit den ständig schneller ansteigenden Raten des Produktivitätszuwachses nicht mehr Schritt halten, so daß immer weniger Arbeitskräfte erforderlich seien. *Feser/Lärm* sprechen vom *jobless growth* bzw. vom *joblost growth*[18]). Trotz aller unterschiedlichen Betonung der Stärke dieser Trends werden sie aber alle negativ beurteilt und gehen über die Aussage der Stagnation des Arbeitsplatzangebotes hinaus, sobald die *demographischen Bewegungen miteingerechnet* werden. Dann läßt sich bis in die neunziger Jahre hinein von einem „Überangebot" sprechen.

Mit dem Rückgang „alter" Industrien ist ein Machtverlust bestimmter Gewerkschaften verbunden

Für die Arbeitsbeziehungen und die Vertretungsmacht der Gewerkschaften werden die allgemeinen Zahlen aussagekräftiger, wenn man sie auf *einzelne Branchen* bezieht, soweit hier überhaupt Schätzungen vorliegen deutet sich an, daß dieser Strukturwandel der Wirtschaft auch einen Strukturwandel der sozialen Basis der Gewerkschaften bedeuten könnte. Mit dem Abbau bestimmter „alter" Industrien, wie etwa *Werft-, Stahl- und Textilindustrie*, mußten Gewerkschaften, zum Beispiel die Industriegewerkschaft Metall (IG Metall) und die Textilgewerkschaft, bereits Einflußverluste hinnehmen[19]).

Mit den neuen Technologien dringen aber *Rationalisierungspotentiale* eben *auch in die Wachstumsbranchen* des Produktionsbereiches ein. *King*[20]) nennt hier drei *Bereiche*, die von der Entwicklung, Maschinen und Produktionssysteme mit computerisierter Intelligenz zu bestücken, betroffen sind:

„1. Verfahrenssteuerung durch mikroelektronische Steuerung großer Industrieanlagen mit Dauerbetrieb, wie Ölraffinerien, chemische Werke, Zellstoff- und Papierindustrie sowie Elektrizitätswerke;
2. die Bestückung von Verarbeitungs-, Übertragungs- und Montagemaschinen mit Computerintelligenz und Mikroprozessor; und
3. die Integration letzterer zur vollautomatischen Fabrik."

Da im Bereich der *chemischen Großanlagen* schon seit längerem mit Computersteuerung gearbeitet und die vollautomatisierte Fabrik

noch einige Zeit auf sich warten lassen wird, erwartet *King* die stärksten negativen Beschäftigungseffekte über den zweiten Weg. Übereinstimmend sehen die *Prognos*-Studie[21]) und eine Untersuchung der IG Metall[22]) im Metallbereich (Straßenfahrzeugbau, Maschinenbau, elektromechanischer Bereich) starke Rationalisierungspotentiale durch den Einsatz von computergesteuerten Maschinen, Robotereinsatz und Computersteuerung der Montagearbeiten. Allein das Ausmaß des Produktionsrobotereinsatzes wird von einer Studie der *American Society of Manufacturing Engineers* so veranschlagt, daß in der Automobilindustrie bis 1985 20% und bis 1995 50% aller Montagearbeiten von Robotern ausgeführt werden[23]). Insgesamt rechnet *Prognos* die Arbeitsplatzverluste allein für das produzierende Gewerbe auf 1,5 Millionen hoch. Auch das *Bundesministerium für Forschung und Technologie* (BMFT) sieht die Entwicklung im Produktionsbereich insgesamt pessimistisch[24]).
Genauso breiten sich aber auch *neue Technologien im öffentlichen und privaten Dienstleistungssektor* aus. Daß hier Kompensationseffekte für den Produktionsbereich entstehen könnten, stößt auf Skepsis. Ist der Aufnahmeeffekt im öffentlichen Dienstleistungssektor bereits durch die Haushaltsprobleme weitgehend zum Erliegen gekommen, so schreiben neue Technologien diesen Trend fest. Eine *Siemens*-Studie errechnet bis 1990 einen Einsparungseffekt bei den Schreibkräften um rd. ein Drittel. Als Betroffene nennt *Frenzel* „überwiegend kaufmännische Angestellte, insbesondere Frauen, wobei sich die Entwicklung insbesondere auf Berufe wie Bürofach- und Bürohilfskräfte, Kalkulatoren sowie Ein- und Verkäufer konzentrieren wird."[25]) Somit dürfte auch kaum mit Kompensationsimpulsen aus dem Bereich des privaten Dienstleistungsgewerbes zu rechnen sein.
Für *gewerkschaftliche Verhandlungspotentiale* ergibt sich hier eine bisher unerwartete Entwicklung: Einerseits erweist sich der relativ stark organisierte und mit relativ starker Regelungsdichte (das heißt sehr vielfältige materielle und formelle Regelungen in Tarifverträgen) versehene Bereich der Gewerkschaften des *öffentlichen* Dienstes arbeitsplatzmäßig nicht mehr als Wachstumsbereich, andererseits entstehen im *privaten* Dienstleistungsbereich hauptsächlich Teilzeitarbeitsplätze für Frauen, wo Gewerkschaften schwache Organisationsgrade aufweisen[26]). Somit wird deutlich, daß *alleine die quantitativen Entwicklungen* an den Arbeitsmärkten, die durch den technologischen Strukturwandel hervorgerufen werden, die gewerkschaftliche Vertretungsmacht vor Umstellungsprobleme stellt. Dies ist zumal für die *westdeutschen Gewerkschaften* – etwa im Vergleich zu den schwedischen – ein Problem, da sie noch immer *überproportional in den alten gewerblichen Berufen vertreten* sind.

Gerade aber auch der Wandel von Qualifikationsanforderungen und Arbeitsorganisation wird sich bemerkbar machen

Um diese Umstellungsdimension aber klarer konturiert zu sehen, muß auf die *qualitative* Entwicklung an den Arbeitsmärkten mit abgehoben werden:

„Die gesteigerte Freisetzungspotenz (...) ist nur das eine (...) Moment. Das zweite ist ein Umdenken in der Arbeitsgestaltung, der Ausbildungs- und Personalpolitik sowie des Arbeitseinsatzes. In den industriellen Kernsektoren vollzieht sich vor unseren Augen ein grundlegender Wandel in der Nutzung der verbleibenden Arbeitskräfte (...)[27])."

Der Einsatz Neuer Technologien wird also nicht nur die Zahl der Beschäftigen in den jeweiligen Branchen verändern, sondern ebenso bedeutend ist der damit verbundene Wandel der Qualifikationsanforderungen an die Beschäftigten in den jeweiligen Berufsfeldern sowie die Veränderungen der gesamten Arbeitsorganisation. Daß hier auch von den Arbeitsmarktparteien gravierende Veränderungen erwartet werden, zeigt der im vergangenen Jahr abgeschlossene Tarifvertrag für den Metallbereich, indem die einstige Vielzahl der Metallberufe auf insgesamt sieben Ausbildungsberufe reduziert wird, wobei die Grundqualifikationen breiter angelegt sind. Ähnliche Tendenzen zeichnen sich für die kaufmännischen Berufe ab[28]). Diese Entwicklungen sind ganz entscheidend für die Frage der Entwicklung der Arbeitsbeziehungen, da hier über die soziale Basis, Kernschichten, Rekrutierungsmöglichkeiten, organisatorische Zusammensetzung von Gewerkschaftsorganisationen und unter Umständen über das jeweilige Gewicht der Einzelgewerkschaften mitentschieden wird.

Was nun die Qualifikationsentwicklung in den einzelnen Branchen und Unternehmen anbelangt, so gibt es hier weniger Untersuchungen. Auch hier ist man auf Trends angewiesen, die in ihrer Aussagekraft noch schwerer beurteilt werden können, da sich qualitative Größen nicht ohne weiteres aggregieren lassen[29]). Welches *Ausmaß der Veränderungen* aber hier zu erwarten ist, verdeutlicht eine Schätzung des BMFT, daß die Arbeitsplätze von 50% aller Erwerbstätigen bis 1990 in irgendeiner Weise betroffen sein werden[30]). Die allgemeinen Trendaussagen konvergieren – wie schon eingangs angedeutet – dahingehend, daß es einerseits eine *Höherqualifizierung* geben wird und andererseits zu erwarten ist, daß ein großer Teil *angelernter, einfacher und repetitiver Tätigkeiten entfallen* wird. Die einzige detaillierte und empirische Untersuchung, die zur Veränderung der Arbeitsorganisation und Anforderungsprofile an Industriearbeit bis jetzt vorliegt, ist eine Studie von *Kern/Schumann* für die industriellen Kernsektoren (Automobil-, Chemieindustrie und Werkzeugbau). Für diese Sektoren konstatieren die beiden Autoren eine „Wiederentdekkung des Berufsarbeiters", was jedoch keine Rückkehr zu den alten

Berufsprofilen bedeutet, sondern im Rahmen von „neuen Produktionskonzepten“ stattfindet:
„Bisher beruhten alle Formen der kapitalistischen Rationalisierung auf einem Grundkonzept, das lebendige Arbeit als Schranke der Produktion faßte, die es durch möglichst weitgehende Automatisierung des Produktionsprozesses zu überwinden gilt, und das in dem verbleibenden Rest lebendiger Arbeit vor allem den potentiellen Störfaktor sah, den man durch restriktive Arbeitsgestaltung weitgehend kanalisieren und kontrollieren mußte. Dieser Ansatz wird heute nicht mehr nur durch die Beschäftigten, sondern auch die Kapitalverwertung selbst in Frage gestellt. Das Credo der neuen Überlegungen lautet:

a) Automatisierung des Produktionsprozesses gegenüber der lebendigen Arbeit ist kein Wert an sich, die weitestgehend Komprimierung der lebendigen Arbeit bringt nicht per se das wirtschaftliche Optimum.
b) Der restringierende Zugriff auf Arbeitskraft verschenkt wichtige Produktivitätspotentiale.

Im ganzheitlichen Aufgabenzuschnitt liegen keine Gefahren, sondern Chancen; Qualifikation und fachliche Souveränität auch der Arbeiter sind Produktivkräfte, die es verstärkt zu nutzen gilt.“[31]) Wenn auch die Autoren ausdrücklich betonen, daß die Entscheidung über dieses neue „arbeitspolitische Paradigma“ im Management noch kontrovers gehandelt wird, so sehen sie hier den Umbruch, der auch von den Gewerkschaften genutzt werden sollte.

„Rationalisierungsgewinner“, „Rationalisierungsdulder“, Krisenbranchen und Arbeitslose: eine neue Hierarchisierung auf dem Arbeitsmarkt?

Hingewiesen wurde bereits auf den „arbeitsplatzvernichtenden“ Effekt. *Kern/Schumann* sehen diese quantitative Entwicklung und die qualitativen Tendenzen zur Verbesserung der Qualifikation zusammen. Hat sich die *bisherige* Entwicklung der Industriearbeit unter dem Gesichtspunkt der *Polarisierung* der Qualifikationen in den *Betrieben* vollzogen, so schreibt sich diese Entwicklung nun fort über die *ganzen Arbeitsmärkte,* was sie mit dem Begriff der *Segmentierung* beschreiben. Vereinfacht kann man sich diesen Prozeß so vorstellen: Einerseits werden zum Beispiel im Bereich der Montagehallen durch den Einsatz von Produktionsrobotern usw. ganze Belegschaftsteile entfallen, während ein geringerer Teil von der Qualifikationsentwicklung profitiert. Die bereits von *Sengenberger*[32]) festgestellte Segmentierung der Arbeitsmärkte wird nun durch den Einsatz neuer Technologien beschleunigt, und am Arbeitsmarkt zeichnet sich nun eine neue Hierarchisierung ab:

1. die „Rationalisierungsgewinner“ in den industriellen Kernsektoren, die sich aus jungen deutschen Arbeitern mit Berufshintergrund rekrutieren könnten und dann als höherqualifizierte Produktionsfacharbeiter das personelle Fundament der erwähnten neuen Produktionskonzepte bilden könnten;
2. die „Rationalisierungsdulder“, die einen traditionellen Arbeitsplatz in den Kernsektoren haben und aufgrund ihrer geringen Qualifikation sowie ihres Geschlechts und Alters für die neuen Produktionskonzepte nicht „brauchbar“ sind. Sie sind durch gesetzliche und tarifvertragliche Regelungen weniger geschützt und bei ihnen besteht die Gefahr, daß sie mit der Zeit ausgefiltert werden;
3. Arbeiter der Krisenbranchen, wie etwa Werft- und Stahlindustrie, die insgesamt als Branche keine Zukunftserwartung haben; und
4. die Arbeitslosen, die immer weniger die Chance zum Wiedereintritt in den Produktionsbereich haben werden[33]).

So umstritten einzelne Ergebnisse von *Kern/Schumann* auch sein mögen[34]), so besteht doch ihr Verdienst darin, daß sie – im Gegensatz zu anderen Studien – beide Seiten dieser Entwicklung betonen, somit sowohl die Chancen als auch die Gefahren dieser neuen Entwicklung deutlich machen und damit auch *enorme Konfliktpotentiale* und *Strukturänderungspotentiale* für die Arbeitsbeziehungen verständlich werden lassen.

Mehr Flexibilität und Differenzierung – die Auswirkungen der Mikroelektronik auf die Arbeitsorganisation

Um die möglichen strukturellen Änderungen für einen Wandel der Arbeitsbeziehungen besser fassen zu können, muß hier noch auf Veränderungen in der Arbeitsorganisation eingegangen werden. Denn neue Technologien finden nur in diesem Rahmen ihre Anwendung und beeinflussen diesen Rahmen. Flexibilität und Differenzierung sind hier die Stichworte. Durchgängig wird davon ausgegangen, daß durch die Veränderung in den Marktbedingungen einerseits, wie etwa bestimmte Sättigungserscheinungen, und die zunehmende Kapitalgebundenheit andererseits die mikroelektronischen Produktionstechniken die Flexibilität der Arbeitsorganisation und die Differenzierung der Arbeitsverhältnisse beschleunigen muß. Von der Konkurrenz an den Märkten kommen Impulse, die mehr Anpassung, Innovation, Diversifikation und höhere Produktqualität erfordern. Mikroelektronik schafft die technischen Voraussetzungen, auch in Serienproduktion ständig flexibel Art und Anzahl der Produkte zu variieren. Aufgrund der *zunehmenden Kapitalintensität* (Kapitalaufwand pro Arbeitsplatz) wird aber ein einwandfreies Funktionieren der Arbeitsorganisation für die Rentabilität der Anlagen immer wichtiger. Indem einerseits flexible und intelligente Maschinen menschliche Arbeit er-

setzen, wird *an die verbliebene Arbeit* eine *höhere Anforderung* gestellt, wie etwa – ohne bürokratische Kontrollen – Störungen effektiv und in Eigenverantwortung zu beseitigen. So sieht es in den Kernsektoren so aus, als ob das Zeitalter der „tayloristischen Arbeitsorganisation" zu Ende geht: Die hier auf die Spitze getriebene Arbeitsteilung, die systematischen Leistungsvorgaben, die Trennung von Disposition und Ausführung werden für weite Bereiche dysfunktional. Tayloristische Leistungsanreize erweisen sich oftmals als „Bumerang", da sie Verhaltensweisen und Entfaltung von Fähigkeiten eher behindern, die unter betriebswirtschaftlichen Gesichtspunkten dringend benötigt werden. Beteiligungsorientierte Sozialtechniken für Belegschaften und Belegschaftsteile (wie etwa „Qualitätszirkel" nach japanischem Muster[35]), signalisieren dies.
Damit zeichnen sich für die Arbeitsbeziehungen zwei bedeutende neue Entwicklungslinien ab: Erstens führt bereits die *unterschiedliche Entwicklung der Gewinnsituation* zu einem *unterschiedlichen Einführungstempo von neuen Technologien.* Die Veränderungen der Marktseite verstärken diesen Trend zur Differenzierung, nicht nur zwischen den Branchen, sondern auch in den Branchen selbst. Zweitens führt die damit verbundene Veränderung der gegenwärtigen Arbeitsorganisation einmal zu einer Differenzierung der Arbeitsverhältnisse, und zum anderen – durch die Abschwächung des zentralistischen Führungsmodells durch das Management – werden Belegschaftsteile ganz unterschiedlich für die Planung und Steuerung des Produktionsablaufes gefragt sein. Betroffen wird dadurch der ganze Komplex der Tarifpolitik: Inwieweit können in Zukunft noch unterschiedliche Arbeitsbedingungen in branchenweiten Tarifverträgen vereinheitlicht werden? Genauso steht die Hierarchisierung in unterschiedliche Lohn- und Gehaltsgruppen in Frage, wenn sie die Berufsfelder in erwartetem Ausmaß verändern.

Ein duales System der Interessenvertretung: Gewerkschaften und Betriebsräte

Auf dem Hintergrund der relevanten Rahmenprognosen zu der quantitativen Entwicklung an den Arbeitsmärkten, zur Qualifikationsentwicklung, den Tendenzen zur verstärkten Hierarchisierung der Arbeitsmarktsegmente sowie der veränderten Arbeitsorganisation lassen sich nun beispielhaft einige Aspekte des Wandels der Arbeitsbeziehungen aufzeigen.
Die Arbeitsbeziehungen in der Bundesrepublik zeichnen sich formal durch ihre duale Struktur aus: Die sektorale bzw. *branchenmäßige* Interessenvertretung ist den *Gewerkschaften* zugewiesen, mit der Zielsetzung, *allgemeine* Entlohnungs- und Arbeitsbedingungen auszuhandeln; die *betriebliche* Interessenvertretung wird auf der Basis des Betriebsverfassungsgesetzes von den *Betriebsräten* wahrge-

nommen, die in der Regel die Anwendung und Durchführung der Tarifverträge, aber auch der gesetzlichen Normen, zu kontrollieren bzw. die Anwendung betriebsspezifisch mit dem Management auszuhandeln haben. Das *Streikmonopol* liegt bei den Gewerkschaften. Rein formal ist damit immer die Möglichkeit gegeben, daß beide Seiten auseinanderfallen können. Die faktische bundesrepublikanische Entwicklung hat jedoch zu einer *Arbeitsteilung* mit wechselseitiger Abhängigkeit geführt, und beide Institutionen sind organisatorisch und personell *eng verflochten.* Einerseits sind aufgrund der enormen *Verrechtlichung der Arbeitsbeziehungen*[36]) die Betriebsräte auf die gewerkschaftliche Beratung und Unterstützung angewiesen, zum anderen, da den Betriebsräten keine Kampfmittel zur Verfügung stehen, sind diese auf die Rahmensetzungsbedingungen der Gewerkschaften verwiesen, was die Tarifvertragskompetenz für Entlohnungs- und Arbeitsbedingungen anbelangt. Umgekehrt sind die Gewerkschaften auf die Betriebsräte angewiesen, da sie einmal die institutionelle Kontinuität der betrieblichen Interessenvertretung repräsentieren, und zum anderen sichern sie in der Praxis den Zugang der Gewerkschaften zum Betrieb. Damit ist die Struktur der Interessenvertretung zwar *formal* dual angelegt, doch durch die Verflechtung beider Seiten hat dieses Problem keine Rolle gespielt.
Auf dem Hintergrund der oben angedeuteten Veränderungen mit dem Stichwort Flexibilität und Differenzierung könnte die Frage dieses *Zusammenspiels längerfristig akut und brisant* werden. Die Frage nach einer potentiell gegenläufigen Entwicklung ist mit dem Schlichtungsspruch zur Arbeitszeitverkürzung im Metallbereich schon aufgetaucht. Allerdings läßt sich dies für diesen Fall nicht so eindeutig sehen. Zwar haben die Betriebsräte hier einen Kompetenzzuwachs erfahren, indem sie die konkrete Ausgestaltung der Arbeitszeiten mit dem Management aushandeln. Dennoch ist es eher wahrscheinlich, daß die spezifische Art der Kompetenzzuweisung eine größere Beratungstätigkeit durch die Gewerkschaften erforderlich macht, da für die Regulierung von Streitfällen komplizierte Verfahren vor der sog. „Einigungsstelle" vorgesehen sind[37]). Dennoch stellt sich auf dem Hintergrund der unterschiedlichen Entwicklung in den einzelnen Branchen die Frage, inwieweit und in welcher Detailliertheit noch brancheneinheitliche Regelungen gewollt und getroffen werden können. Sowohl der „Zukunftsbericht" als auch die Strategie der Metallarbeitgeber in der Auseinandersetzung um die 35-Stunden-Woche verdeutlichen das Problem, daß veränderte Produktionsbedingungen auf die Struktur der Tarifverträge und auch auf die Arbeitsteilung im System der dualen Interessenvertretung einwirken[38]). Genauso stellt sich umgekehrt die Frage, ob nicht die Entwicklung unterschiedlicher Arbeitsbedingungen die Aggregation unterschiedlicher Interessen[39]) in den Gesamtorganisationen verändern wird.

Statt der Facharbeiter künftig mehr die technische Intelligenz als Trägerschicht der Gewerkschaften?

Unter dem Aspekt der Veränderung der Qualifikationsbilder und dem damit verbundenen Schicksal von sozialen Trägerschichten der Gewerkschaften gewinnt diese Diskussion an Gewicht. Trägerschichten der im Produktionsbereich operierenden Gewerkschaften – sowohl in den ehrenamtlichen Repräsentationsgremien der Gewerkschaften als auch in den betrieblichen Interessenvertretungen – waren und sind traditionell die Facharbeiter gewesen. Sie waren und sind quasi die „Brückenköpfe" in der Verbindung der Struktur der dualen Interessenvertretung. In diesem Zusammenhang ist nun in Teilen der Industriegewerkschaften eine Diskussion begonnen worden, welche neue strategische Trägerschichten der Interessenvertretung gewonnen werden müssen. Hier zeichnet sich die Absicht ab, verstärkt Angehörige der höherqualifizierten technischen Intelligenz, wie etwa Techniker und Ingenieure, organisieren zu wollen[40]). Dabei wird aber kritisch gefragt, was man diesen Schichten anzubieten hat.

Gleichzeitig hat diese strategische Diskussion auch auf breiterer Basis begonnen, die sich ex- oder implizit auf Forschungsergebnisse von *Kern/Schumann* und *Benz-Overhage* bezieht[41]). Generell wird ja in den Gewerkschaften die Einführung neuer Technologien bejaht, die Frage ist nur, wie die Gewerkschaften den Einstieg bekommen, diesen Strukturwandel mitzugestalten. Bei der Aufarbeitung der Auseinandersetzung um die 35-Stunden-Woche ist in der IG Metall die Frage aufgetaucht, ob man eher auf die Rationalisierungsgewinner oder eher auf die Rationalisierungsdulder und damit auf die eventuellen Verlierer setzt. In einer Diskussion mit der „Neuen Gesellschaft" empfehlen *Kern/Schumann*, auf die Gewinner zu setzen[42]). Dagegen scheinen sich Vorstandsmitglieder der IG Metall zu wehren. *Lang/Janßen* sehen darin die Gefahr, daß damit der Vertretungsauftrag der Gewerkschaften für alle Arbeitnehmer umdefiniert wird und nur noch die Interessen privilegierter Arbeitnehmerschichten vertreten würden[43]).

In der Tat scheint hier *ein ganz entscheidendes organisationsstrukturelles Problem* vorzuliegen. Sowohl die IG Druck und Papier als auch die IG Metall sind offensichtlich von den neuen Technologien in ihrer organisatorischen Zusammensetzung betroffen. Deutlicher wird dies bei der *IG Druck und Papier,* da hier mit dem *Abschied vom Bleisatz* von den Facharbeitertätigkeiten der Drucker, Setzer und Metteure schon seit Mitte der siebziger Jahre abgerückt wurde. Dies sind aber die Facharbeitergruppen, aus denen sich der ganze ehrenamtliche Organisationskörper rekrutiert. Die „Militanz", die die IG Druck und Papier seit ihren Streiks von 1976 organisiert hat, ist sicher mit aus diesem Sachverhalt zu erklären[44]). Bei der Auseinandersetzung um die 35-Stunden-Woche ist dieser Aspekt meines

Wissens bisher nicht beachtet worden. Sicherlich ist dieser Zusammenhang bei der *IG Metall* – als der größten Industriegewerkschaft – etwas komplexer, doch es sind Parallelen zu unterstellen. Auch bei dieser Gewerkschaft sind noch immer Facharbeiter beziehungsweise Arbeiter mit Facharbeiterhintergrund die Träger der Organisation, die – zum Teil schon seit Jahren – durch computergesteuerte Maschinen (NC- und DNC-Maschinen) in ihren Berufsbildern bedroht sind. Hinzu kommt – und dies hat der Streik um die 35-Stunden-Woche vor Augen geführt –, daß – von der Anzahl her – für Streiks als „Kampftruppen" der IG Metall vor allem die *angelernten* Arbeiter mobilisiert werden müssen, das heißt diese Arbeitnehmerschichten stellen die quantitative Streikmasse, obwohl sie oft weniger eng in die Gewerkschaft integriert sind. Das sind aber auch diejenigen Schichten, deren Arbeitsplätze am stärksten durch mit computerisierter Intelligenz bestückte Maschinen bedroht sind. Vor diesem Hintergrund erhält die Aussage von *Franz Steinkühler,* die IG Metall müsse jetzt kämpfen, da sie in ihrem Bestand bedroht sei, einen mehr als nur agitatorischen Sinn.
Die neue *Konfliktdimension* in den Arbeitsbeziehungen hat also auch im wesentlichen *organisationsstrukturelle Gründe.* Insoweit die Einzelgewerkschaften sich durch arbeitsorganisatorische und technologische Maßnahmen bedroht sehen und weder von der Arbeitgeber- noch von der Regierungsseite Kompensationen in Aussicht gestellt bekommen, die einen Strukturwandel in dreiseitiger Kooperation zwischen Arbeit, Kapital und Regierung anzeigen, der für alle Beteiligten als akzeptabel angesehen werden kann, werden die Konfliktpotentiale nicht abgeschwächt. Im Gegenteil. Die Eigenarten der gesamten betriebsorganisatorischen Änderungen, die mit den neuen Technologien verbunden sind, werden in den Gewerkschaften und von Betriebsräten so wahrgenommen, daß sie teilweise unter die Struktur der Interessenvertretung hindurchgreifen[45]).

Warum der Betriebsrat unterlaufen wird

Deutlich wird dieses Problem auch an der *Struktur der Betriebsverfassung.* Das 1972 in Kraft getretene *Betriebsverfassungsgesetz* ist weder auf eine langanhaltende Konjunkturkrise noch auf einen so tiefgreifenden Strukturwandel zugeschnitten. Beispielsweise der Kündigungsschutz nach § 102 BetrVG reicht tatsächlich kaum hin, um Arbeitnehmern ihren Arbeitsplatz zu erhalten[46]). Was den technologischen Wandel angeht, so reichen die §§ 87 Abs. 1 Ziffer 6 und 91 BetrVG nicht aus, um Gewerkschaften bzw. den Betriebsrat in nennenswertem Umfang zu beteiligen. Eher zeigt sich hier die Tendenz von seiten des Managements – ähnlich wie bei der sektoralen Interessenvertretung –, die Institution Betriebsrat zu umgehen oder nur begrenzt zu beteiligen. Oben wurde erwähnt, daß durch die Veränderung der Arbeitsorganisation das Management auf die Akzeptanz der Belegschaften angewiesen ist und in weiten Teilen das Wissen einzelner Mitarbeiter, Abteilungen oder Belegschaftsteile braucht[47]), da sich ja in Computerprogrammen nur standardisieren und formalisieren läßt, was die Arbeitnehmer über ihre Tätigkeiten wissen. Deshalb sind Qualitätszirkel und Mitarbeiterbeteiligungsgruppen so interessant, aber die Institution des Betriebsrats wird dabei unterlaufen. Mit ihrer Mitbestimmungsinitiative haben die Gewerkschaften nun mit einem Entwurf zur Mitbestimmung am Arbeitsplatz reagiert[48]), mit dem Ziel, wie *Leminsky*[49]) betont, zu verhindern, daß die Verbindung des Betriebsrates mit Belegschaftsteilen unterbrochen wird. Das entscheidende Problem besteht aber hier bei den gegenwärtigen Konstellationen darin, daß eine institutionalisierte Erweiterung der Betriebsverfassung über den Gesetzgeber laufen müßte, dort aber entsprechend der parlamentarischen Mehrheitsverhältnisse gegenläufige Vorstellungen ersichtlich sind. Gefordert wird deshalb von *Leminsky* eine Betriebsorientierung der Gewerkschaften, die über die institutionellen und formellen Ansätze hinausgeht. Ob dies eine Reorientierung an der alten *Vertrauensleutearbeit* bedeutet oder nur eine vorübergehende Lösung mangels Verrechtlichungsmöglichkeiten darstellt, bleibt offen.

Die Gewerkschaften machen mobil, um den Strukturwandel mitbestimmen zu können

Zusammenfassend wird deutlich, daß – zumindest vorläufig – die Diskussion um das Ende der Arbeitsgesellschaft etwas überbetont ist. Dagegen kristallisiert sich die Umstellungsphase als das entscheidende Problem heraus. Immer deutlicher wird die Tatsache, daß der enorme Strukturwandel, der mit den neuen mikroelektronischen Basistechnologien verbunden ist, auch einen Strukturwandel der Arbeitsbeziehungen einleiten wird. In Frage steht einmal das einheitliche Tarifvertragssystem in seiner Regelungsdichte und Reichweite, wobei sich bis jetzt abzeichnet, daß von seiten der Regierung allgemeinere Rahmenregelungen vorgezogen werden. In Frage steht auch der Ansatz der unternehmens- und betriebsbezogenen Mitbestimmung, weil es hier deutliche Tendenzen gibt, daß mit der veränderten Unternehmensorganisation Entscheidungen oberhalb und unterhalb dieser Ebenen an Bedeutung gewinnen. Wie der Ausbau und die Anpassung der Struktur der dualen Interessenvertretung erfolgt, ist noch offen.
Denn offensichtlich tun sich die drei beteiligten Seiten an den Arbeitsbeziehungen zunehmend schwerer, eine gemeinsame Grundlage für eine kooperative Steuerung dieses Strukturwandels zu finden. Offensichtlich sehen sich die Gewerkschaften genötigt, sich durch die Mobilisierung ihres sozialen Protestpotentials in einen solchen gemeinsamen Prozeß hineinzubringen.

Anmerkungen

[1]) Bericht der Kommission „Zukunftsperspektiven der gesellschaftlichen Entwicklung", erstellt im Auftrag der Landesregierung von Baden-Württemberg, Stuttgart 1983.
[2]) Vgl. Briefs, Ulrich, Computertechnik und Interessenvertretung der Arbeitnehmer im Betrieb, in: Geschäftsführung des WSI (Hrsg.), Aspekte der Mitbestimmung, Düsseldorf 1985, S. 23–47.
[3]) Vgl. Kern/Schumann, Das Ende der Arbeitsteilung, München 1984, S. 19.
[4]) Vgl. Naschold, Frieder, Arbeitspolitik – Gesamtwirtschaftliche Rahmenbedingungen, betriebliches Bezugsproblem und theoretische Ansätze der Arbeitspolitik, in: Jürgens/Naschold (Hrsg.), Arbeitspolitik, Opladen 1984, S. 45.
[5]) Vgl. „Zukunftsperspektiven . . .", S. 155ff.
[6]) Toffler, Alvin, Die dritte Welle – Zukunftschancen. Perspektive für eine Gesellschaft des 21. Jahrhunderts, München 1983; Gorz, André, Wege ins Paradies, Berlin 1983.
[7]) Friedrichs/Schaff (Hrsg.), Auf Gedeih und Verderb – Mikroelektronik und Gesellschaft. Bericht an den Club of Rome, Frankfurt/M., Olten, Wien 1982.
[8]) Vgl. Bell, Daniel, Die nachindustrielle Gesellschaft, Frankfurt/M., New York 1975.
[9]) Vgl. Touraine, Alain, Die postindustrielle Gesellschaft, Frankfurt 1972.
[10]) Dahrendorf, Ralf, Wenn der Arbeitsgesellschaft die Arbeit ausgeht, in: Matthes, H. J. (Hrsg.), Krise der Arbeitsgesellschaft, Verhandlungen des 21. Deutschen Soziologentages, Frankfurt/M., New York 1983, S. 25–37.
[11]) Offe, Claus, Arbeit als soziologische Schlüsselkategorie, in: Matthes, H. J. (Hrsg.), a. a. O., S. 38f.; ders., „Arbeitsgesellschaft": Strukturprobleme und Zukunftsperspektiven, Frankfurt/M., New York 1984.
[12]) Vgl. Beckenbach, Niels, Zukunft der Arbeit und Beschäftigungskrise – zu den gesellschaftlichen Rahmenbedingungen der neuen Techniken, in: Prokla, Heft 55, 14. Jg., 1984, S. 22ff.
[13]) Vgl. Hyman, Richard, Theory in Industrial Relations: Towards a Materialist Analysis, in: Matthes, H. J. (Hrsg.), Sozialer Wandel in Westeuropa, Verhandlungen des 19. Deutschen Soziologentages, Frankfurt/M., New York, S. 248ff.
[14]) Prognos, Längerfristige Wirtschafts- und Arbeitsmarktentwicklung in der Bundesrepublik und Baden-Württemberg sowie Handlungsmöglichkeiten zur Sicherung der Vollbeschäftigung und des Wirtschaftswachstums, o. O., 1978; Battelle-Institut, Der Arbeitsmarkt in Baden-Württemberg – Analyse der Gesamtentwicklung bis zum Jahre 1995, Frankfurt/M. 1979.
[15]) Welsch, J., Gesamtwirtschaftliche Entwicklung, technischer Fortschritt und Beschäftigung als Problem der achtziger Jahre, in: WSI-Mitteilungen, Heft 4, 1982, S. 209.
[16]) Fabrik der Zukunft menschenleer, in: Der Gewerkschafter 6/83, S. 13ff.
[17]) Hauff, Michael von, Die wirtschafts- und sozialpolitische Bedeutung des technischen Fortschritts unter besonderer Berücksichtigung des Arbeitsmarktes, in: Majer, Helge (Hrsg.), Qualitatives Wachstum. Einführung in die Konzeption der Lebensqualität, Frankfurt/M., New York, S. 140f.
[18]) Feser/Lärm, Strukturelle Arbeitslosigkeit, technologischer Wandel und der Einfluß der Mikroelektronik, in: Leviathan, Heft 4 1982, S. 553.
[19]) Vgl. Esser/Fach/Väth, Krisenregulierung, Frankfurt/M., 1983, S. 54ff.
[20]) King, Alexander, Einleitung: Eine neue industrielle Revolution oder bloß eine neue Technologie? in: Friedrichs/Schaff (Hrsg.), a. a. O., S. 17.
[21]) Prognos, a. a. O., S. 158.
[22]) Vgl. Hauptvorstand der Industriegewerkschaft Metall, Abteilung Automation (Hrsg.): Rationalisierung in der Metallwirtschaft – „Maschinen wollen sie – uns Menschen nicht", Frankfurt/M., 1983, S. 27ff.
[23]) Levithan/Johnson, Wem gehört die Arbeit in der Zukunft: Menschen oder Robotern?, in: Nachrichten aus der Arbeitswelt, Dezember 1982, S. 7ff.
[24]) Vgl. Marth, K., Technologische Entwicklung und ihre Auswirkung auf die Beschäftigung, in: WSI-Mitteilungen, Heft 8 1980, S. 433ff.
[25]) Frenzel, U., Technologische Entwicklungslinien und ihre Auswirkungen auf Arbeitsplätze und Arbeitskräfte, in: Aus Politik und Zeitgeschichte, 21. November 1981, S. 47.
[26]) Vgl. Bayer/Streeck/Treu, Die westdeutsche Gewerkschaftsbewegung in Zahlen, Königstein/Ts. 1981, S. 330ff.

[27]) Kern/Schumann, Rationalisierung und Arbeitsverhalten, in: Sofi-Mitteilungen Nr. 9, Februar 1984, S. 1.
[28]) Vgl. Preis, Hans, Gewerkschaftspolitische Einschätzung zur Neuordnung der industriellen Metall- und Elektroberufe, in: Gewerkschaftliche Bildungspolitik, Heft 2/85, S. 29–32. Buck, Bernhard, Kaufmännische berufliche Aus- und Weiterbildung, in: Gewerkschaftliche Bildungspolitik, Heft 1/85, S. 8.
[29]) Kern/Schumann weisen auf dieses Problem hin, wenn sie die empirischen Trends mit dem Begriff der „Inkubationszeit" belegen – vgl. dies., Ende der Arbeitsteilung, a.a.O., S. 15.
[30]) Vgl. BMFT (Hrsg.), Informationstechnologie und Beschäftigung, Band 3, Düsseldorf – Wien 1980, S. 108.
[31]) Kern/Schumann, Das Ende der Arbeitsteilung? München 1984, S. 19.
[32]) Vgl. Sengenberger, Werner (Hrsg.), Der gespaltene Arbeitsmarkt. Probleme der Arbeitsmarktsegmentation, Frankfurt/M., New York 1978, S. 17ff.
[33]) Kern/Schumann, Das Ende . . ., a.a.O., S. 22f.
[34]) Vgl. Fricke, Werner, Arbeitnehmerbeteiligung und betriebliche Gestaltung von Arbeit und Technik, in: Neue Gesellschaft/Frankfurter Heft 3/84, S. 214.
[35]) Niebuhr, Rainer, Qualitätszirkel in Unternehmen, in: Die Mitbestimmung 5/83, S. 201.
[36]) Erd, Rainer, Verrechtlichung industrieller Konflikte, Normative Rahmenbedingungen des dualen Systems der Interessenvertretung, Frankfurt/M., New York 1978, S. 16ff.
[37]) Vgl. Fitting/Auffahrt/Kaiser, Betriebsverfassungsgesetz, Handkommentar 14. Auflage, München 1984, S. 831 ff.
[38]) Vgl. Zukunftsbericht . . ., a.a.O., S. 159ff.
[39]) Vgl. Streeck, Wolfgang, Gewerkschaftliche Organisationsprobleme in der sozialstaatlichen Demokratie, Königstein/Ts. 1981, S. 13ff.
[40]) Vgl. Leminsky, Gerhard, Technische Intelligenz – gemeinsam mit Arbeitnehmern und Gewerkschaft, in: Die Mitbestimmung 10 und 11/84, S. 415.
[41]) Vgl. Benz-Overhage, Karin, Die Fabrik der Zukunft. Wie werden wir morgen arbeiten, in: Blätter für deutsche und internationale Politik, Heft 10/84.
[42]) a.a.O., S. 202.
[43]) Lang/Janßen, Offensiv durch die Krise – der weitere Weg der Gewerkschaften, auszugsweise Vorabdruck, in: Frankfurter Rundschau vom 12. und 13. Februar '85.
[44]) Vgl. Schaile, Ursula, Der Arbeitskampf der Druckarbeiter in der Tarifrunde 1976, in: Prokla, Heft 24, 6. Jg. 1976, S. 7.
[45]) Vgl. Föhr/Schwegler/Stommel/Vilmar, Mehr Wert auf die Bewegung legen, in: Gewerkschaftliche Monatshefte 3/85, S. 167ff.
[46]) Vgl. Strieder, Peter, Arbeitsrecht im Wandel, in: Bürger im Staat, Heft 4, 1984, S. 245.
[47]) Vgl. Lamborghini, Bruno, Die Auswirkungen auf das Unternehmen, in: Friedrichs/Schaff (Hrsg.), a.a.O., S. 125ff.
[48]) Dieser Entwurf ist abgedruckt in: Gewerkschaftliche Monatshefte 3/85, S. 180–183.
[49]) Vgl. Leminsky, Gerhard, Mitbestimmung am Arbeitsplatz – Erfahrungen und Perspektiven, in: Gewerkschaftliche Monatshefte 3/85, S. 158.

Ludwig Issing

Bildung in der Informationsgesellschaft

Die Auswirkungen neuer Technologien auf den Bildungsbereich

Von der Industrie- zur Informationsgesellschaft

Jede Gesellschaft wird in ihrem Charakter geprägt von der jeweils leitenden *Grundtechnologie;* dies gilt für eine Agrargesellschaft ebenso wie für eine Industriegesellschaft. Unsere Gesellschaft befindet sich seit den fünfziger Jahren in einem allmählichen Übergang von der Industrie- zur Informationsgesellschaft.
Hochkomplizierte Technologiesysteme, ein hochentwickeltes Verkehrs- und Kommunikationswesen, ein differenziertes Sozial- und Kulturgefüge bedingen zu ihrer Aufrechterhaltung und Weiterentwicklung eine stetig wachsende Menge an rasch verfügbarem Wissen. Dieser steigende Informationsbedarf charakterisiert die Entwicklung der Industriegesellschaft in eine Informationsgesellschaft. Der Übergang vollzieht sich allmählich. Während der Übergang von der Agrar- zur Industriegesellschaft in Deutschland noch fast drei Jahrhunderte benötigte, wird der Übergang zur Informationsgesellschaft wahrscheinlich in einem Jahrhundert abgeschlossen sein.
Das *Anwachsen der Informationsmenge* hat sich in den letzten Jahren rapide beschleunigt. Man rechnet heute, daß das verfügbare Wissen sich *alle vier bis fünf Jahre verdoppelt.* Wir werden künftig zunehmend mehr Zeit für die Informationsauswahl, Informationsaufnahme und Informationsverarbeitung aufwenden müssen. Die Zahl der geführten Telefongespräche wird weiter ansteigen, die Zahl der genutzten Fernsehkanäle und Datendienste wird sich vervielfachen. Vielleicht werden Computer-Terminals bald das Auto als gesellschaftliches Status-Symbol verdrängen.
Die *Vielzahl der Angebote* von Nachrichten auf dem Informationsmarkt werden gegenseitig um die Aufmerksamkeit der Adressaten konkurrieren. Die Nachrichtenagenturen und Informationsdienste werden nach immer neuen Möglichkeiten suchen, ihre Angebote noch attraktiver und aktueller zu gestalten. Bald wird die Nachrichtenflut im privaten, im politischen, wissenschaftlichen und wirtschaft-

lichen Bereich zu einer Belastung für uns werden. Was nützen Datenbanken, Satellitennachrichtensysteme, Verbundnetze, wenn der einzelne nicht gelernt hat, die neuen Kommunikationstechniken sinnvoll zu benutzen und die erhaltenen Informationen problembezogen zu verwerten?

Die Herausforderung der Informationsgesellschaft an das Bildungssystem wurde bislang nur unzureichend angenommen

Der Übergang von der Industrie- zur Informationsgesellschaft ist gekennzeichnet durch eine *Verschiebung der Erwerbstätigen* aus produzierenden *in informationsverarbeitende Berufe.* In den USA ist heute schon mehr als die Hälfte aller Erwerbstätigen in „Informationsberufen" beschäftigt; auch in der Bundesrepublik nähern wir uns der 50-Prozent-Grenze.
Die Berufswelt wird sich rapide wandeln. Die meisten Menschen werden ihren Beruf mehrmals in ihrem Leben wechseln müssen; *Umlernen, Weiterlernen* ist lebenslang gefordert.
Die Ziele, Lehrpläne und Strukturen, die unser heutiges Bildungswesen kennzeichnen, wurden zu einer Zeit grundgelegt und entwickelt, als die Informationstechnologie gerade erst im Entstehen war. Während in bisherigen Lehrplänen der Erwerb breiter Wissenskomplexe ein erhebliches Gewicht hatte, muß künftig an dessen Stelle verstärkt die Entwicklung von Fähigkeiten zum Suchen, Ordnen, Gliedern und Nutzen von Informationen für Problemlösungen treten; Lernen auf Vorrat hat keine Bedeutung mehr, wenn sich der Wissensbestand sehr schnell ändert und wenn Informationen jederzeit aus Datenbanken abgerufen werden können.
Neben der Entwicklung kognitiver Fähigkeiten gewinnen Bildungsziele im *emotionalen* und *sozialen* Bereich immer mehr an Bedeutung.
Das *Zusammenspiel von menschlicher Intelligenz und Computer-Intelligenz* wird bestimmend sein für die Festlegung künftiger Bildungsziele. Die Schule wird künftig jene Fähigkeiten verstärkt zu entwikkeln haben, die von der Informationstechnik nicht übernommen werden können, die aber die Menschen künftig notwendig brauchen werden, um mit der neuen Informationstechnik persönlich und gesellschaftlich fertig zu werden. Die Informationstechnik ist in all jenen Bereichen, in denen es auf Schnelligkeit und Genauigkeit ankommt, effizienter als die menschliche Informationsverarbeitung. Für *kombinatorische* und *kreative Aufgaben* dagegen scheint das menschliche Denken durch die künstliche Intelligenz kaum ersetzbar zu sein. Während sich Wirtschaft und Technik bereits seit Jahren mit der Erprobung neuer Technologien befassen, hat es das Bildungssystem bisher versäumt, Schüler und Studenten auf das Leben mit diesen Technologien vorzubereiten. Auch die Lehrerschaft ist weithin unvor-

bereitet auf den raschen Wandel, der sich gegenwärig im technologischen Bereich vollzieht; die *Lehrer* sind leider in der Mehrzahl *immer noch informationstechnische Laien.* Die in Lehrerkreisen öfter anzutreffende ablehnende Haltung gegenüber der Neuen Medien ist dann mitunter eher eine Folge technologischer Unkenntnis als das Ergebnis einer ernsthaften Medienkritik. Nur langsam findet die *Informatik* Eingang in die Schulpraxis; und erst jetzt setzt sich die Medienpädagogik innerhalb der Lehrerbildung mit den Wirkungen der Neuen Medien auseinander. Fast sieht es so aus, als würde sich das Bildungswesen erst als Reaktion auf die Beschäftigung der Schüler und Studenten mit den Neuen Medien nun auch selbst mit diesen Technologien befassen. Nur wenige Bundesländer sind von dieser Kritik auszunehmen.

Die Informationstechnologie hat das Motivationsproblem in den Vordergrund gerückt

Durch die zunehmende Verbreitung der Informationstechnologie ist für die Schule das Motivationsproblem in den Vordergrund gerückt: Das Informationsangebot der Medien konkurriert immer stärker mit dem Angebot der Schule. Auch für das Erlernen vieler Fertigkeiten lassen sich die Schüler nur schwer motivieren; denn wozu – so fragen sich die Schüler – sollen sie Formeln, Lesefertigkeit und Aufsatzschreiben lernen, wenn überall Taschenrechner benutzt werden, wenn man eher fernsieht als liest und eher telefoniert als Briefe schreibt?
Auch an den Hochschulen ist die mangelnde Lernmotivation der Studenten eines der Hauptprobleme. Bietet das Informationszeitalter neue berufliche Perspektiven? Welche Kenntnisse und geistige Fähigkeiten werden in Zukunft gefragt sein? Nur durch neue Motivierung und neue Zielsetzung kann die allgemeine Lustlosigkeit von Schülern und Studenten überwunden werden. Die Bildungsziele werden künftig neben der Vorbereitung auf die *Berufstätigkeit* die Gestaltung der *Freizeit* und die Gestaltung des *sozialen Lebens* stärker einbeziehen müssen.
Wodurch wird eine gute Schulbildung künftig gekennzeichnet sein, die Schülern und Studenten das Rüstzeug gibt, das sie brauchen, um in der Informationsgesellschaft ein erfülltes Leben führen zu können?

Welche Grundfähigkeiten müßten in Hinblick auf die Informationsgesellschaft vermittelt werden?

Einige Grundfähigkeiten sollen kurz skizziert werden:

- *Fähigkeit zu Flexibilität und autonomem Lernen*
  Der rasche technische Fortschritt wird künftig die Mehrzahl der Erwerbstätigen zwingen, in anderen Berufen tätig zu sein als in denen sie ausgebildet wurden. Das bedeutet, bereit und fähig zu sein, *umzulernen* und flexibel zu sein, neue Qualifikationen zu erwerben. Dabei ist es vorteilhaft, wenn der einzelne in der Lage ist, selbständig (autonom) auch durch Benutzung von Medien zu lernen. Dies setzt die Fähigkeit voraus, die eigenen Lernziele und Lernprobleme benennen zu können und zu wissen, wo die erforderlichen Informationen zu suchen sind. Schließlich muß man fähig sein, die gefundenen Informationen auszuwerten oder die Medienbausteine selbständig zu bearbeiten.
- *Fähigkeit zu divergierendem und abstraktem Denken*
  Weniger das Reproduzieren von Gelerntem als vielmehr das *Finden neuer Problemlösungen und Arbeitsverfahren* wird künftig das Ziel der Denkschulung sein, das heißt ein Denken in neuen, unorthodoxen Bahnen. Abstraktionsfähigkeit ist erforderlich zur Analyse von realen Situationen und Prozessen und zur Benutzung technischer Systeme. Während im alltäglichen Leben die Benutzung anschaulicher Bilder stetig zunimmt, wird es Aufgabe der Schule sein, auch die Entwicklung des unanschaulichen, abstrakten Denkens zu fördern.
- *Fähigkeit zu kreativer Tätigkeit*
  Im Ausgleich zur Entwicklung kognitiver Fähigkeiten muß künftig bereits in der Schule größerer Wert als bisher auf die Entwicklung kreativer und künstlerischer Fähigkeiten gelegt werden – besonders im Hinblick auf ein weiteres Anwachsen der *Freizeit.*
- *Fähigkeit zu Teamwork und Kommunikation*
  Die Fähigkeit zur Zusammenarbeit im Team und zur Aufnahme persönlicher sozialer Kontakte wird nicht nur für den beruflichen Erfolg immer wichtiger werden, sondern als *Ausgleich* zu einer per Computer kommunizierenden Gesellschaft. Nur wenn die Gefahren, die die neuen Technologien in sich bergen, bewußt sind und wenn ihnen aktiv entgegengewirkt wird, können negative gesellschaftliche Auswirkungen vermieden werden.

Die Informationstechnologie stellt das Bildungswesen vor neue Aufgaben, sie bietet aber gleichzeitig auch neue Hilfen für die Aufgaben im Lehr-/Lernbereich und im Verwaltungsbereich des Bildungswesens an. Die gegenwärtige Nutzung und die Nutzungsperspektivon der Neuen Medien lassen sich in bezug auf *Videotext, Bildschirmtext, Personal Computer/Bildplatte* und *Kabelfernsehen* kurz skizzieren:

Lassen sich die Neuen Medien für Bildungsaufgaben nutzen?

Das *Videotext*-Programmangebot der Rundfunkanstalten besteht im wesentlichen aus Hinweisen auf die Fernsehprogramme, Pressevorschauen, aktuellen Nachrichten, Wetter-, Sport-, Lotto-Toto-Meldungen, Verbrauchertips und aus der Untertitelung von Fernsehfilmen für Hörgeschädigte.
Für Bildungszwecke gibt es *bisher kaum Videotext-Angebote;* Ausnahmen sind Hinweise auf bildungsrelevante Fernsehsendungen und auf kulturelle Veranstaltungen. Die Technik der *Untertitelung* könnte Videotext für den *Fremdsprachenunterricht* und für den Unterricht mit *Hörgeschädigten* künftig interessant machen. Für andere Informationsangebote erscheint Videotext zumindest in der gegenwärtigen Form *zu langsam,* vor allem im Vergleich zu Bildschirmtext. Erst die Verteilung von Videotext über Kabel als sogenannter „Kabeltext" würde wesentliche technische Verbesserungen und Nutzungsmöglichkeiten bringen.
Seit dem Abschluß der Bildschirmtext-Feldversuche in Berlin und Düsseldorf im Herbst 1983 wird *Bildschirmtext (Btx)* im neuen technischen CEPT-Standard bundesweit ausgebaut. Im Februar 1985 gab es 21 959 Btx-Teilnehmer, 3470 Btx-Informationsanbieter und 561 600 Btx-Angebotsseiten. Unsere Analyse der Btx-Angebote hat ergeben, daß etwa 4% der Btx-Informationen als bildungsrelevant bezeichnet werden können. Es handelt sich dabei im wesentlichen um bildungsbezogene Hinweise und Auskünfte (zum Beispiel über Lehr- und Studienangebote, Adressen von Bildungseinrichtungen, Publikationsangaben), um Sachinformationen (zum Beispiel Fachinformationen, Ratschläge, Anleitungen, Statistiken, lexikalische Informationen), um Unterhaltung mit Bildungswert (z. B. Frage-Antwort-Spiele, Rätsel), aber nur um wenige direkte Lernangebote (z. B. EDV-Kurse, Fremdsprachenkurse).
Inhaltlich sind die *bildungsrelevanten Btx-Angebote* an erster Stelle auf die berufliche Aus- und Weiterbildung bezogen, gefolgt von Informationsangeboten zu Neuen Medien und EDV, zu Wirtschaft und Industrie, Forschung und Technik, Schule und Hochschule, Politik und Zeitgeschehen, Kirche und Religion usw.
Neben bildungsrelevaten Informationen konnten wir auch *bildungsbezogene Btx-Dienste* ermitteln: Bestelldienste für Publikationen, Informationsmaterial, Begleitmaterial usw., Mitteilungsdienste, Verweise in benachbarte Btx-Angebote, Anmeldung und Einschreiben per Btx, Zugriff über Btx auf externe Rechner, Recherchendienste, Telefonrückruf-Service.
Diese bildungsrelevanten Btx-Angebote kommen von insgesamt 254

Anbietern (das sind etwa 7% aller Btx-Anbieter), die in erster Linie der Gruppe der Medienproduzenten, der Dienstleistungsunternehmen, der Behörden und Öffentlichen Bildungseinrichtungen (vor allem den Hochschulen) zuzurechnen sind.
Bildschirmtext ist ein interaktives Medium, das ein individuelles problembezogenes Abrufen von Informationen und den individuellen Austausch von Mitteilungen zwischen allen Btx-Teilnehmern erlaubt (siehe Abbildung).
Die bisherigen Erfahrungen haben gezeigt, daß Bildschirmtext im Bildungsbereich besonders geeignet ist als Transportmedium für *aktuelle Informationen,* als Hilfe zur Fernabwicklung von *Verwaltungs- und Bestellvorgängen* und als *Zugangsmedium* zu angeschlossenen externen Datenbanken und Rechenzentren; Btx erscheint dagegen weniger geeignet als Darbietungsmedium für umfangreiche Lerntexte oder für Lernprogramme.
Auch im neuen CEPT-Standard ist Btx im wesentlichen ein *Schlagzeilenmedium;* die extensive Nutzung von Btx-Grafik führt beim Benutzer zu *langen Wartezeiten* während des Bildaufbaus.

Btx ist wohl nur ein Übergangsmedium

Bildschirmtext bietet für den Bereich der beruflichen Aus- und Weiterbildung, für den Hochschulbereich und für den Bereich der Erwachsenenbildung gute Nutzungsmöglichkeiten; für die Anwendung in der *Schule* dagegen werden nur begrenzte Möglichkeiten (etwa als aktuelle Informationsquelle) gesehen. Gegenwärtig wird Btx stärker zu Bildungshinweisen und zur Bildungswerbung genutzt als zur Vermittlung von Bildungsinhalten. Offensichtlich ist Btx wegen des langwierigen Seitenaufbaus und wegen fehlender Möglichkeit der Bewegtbilddarbietung nur eingeschränkt zur direkten Bildungsvermittlung geeignet; Perspektiven ergeben sich erst durch den *Einbezug von externen Rechnern* oder im Verbund von Btx mit peripheren Speichern wie Heimcomputer/Personalcomputer und Bildplattenspeicher.
Die *Bildungsinstitutionen* stehen hinsichtlich der Beteiligung als Btx-Anbieter *vor einer schwierigen Entscheidung.* Einerseits ist eine Beteiligung aufgrund der Geräteanschaffungs- und Personalkosten sowie der Postgebühren kostenintensiv bei gleichzeitiger Ungewißheit über die Entwicklung der Btx-Teilnehmerzahlen. Andererseits besteht die Gefahr, daß bei weiterer Zurückhaltung der öffentlichen Bildungseinrichtungen das Feld für bildungsrelevante Angebote im Btx von kommerziellen Anbietern besetzt wird.
Dennoch sollte die Bedeutung von Btx als Telekommunikationsmedium für die nächsten fünf bis zehn Jahre nicht überschätzt werden: Btx ist ein Übergangsmedium; erst in einem künftigen diensteintegrierten Breitbandnetz in Glasfasertechnik wird Btx zu einem schnel-

len Text-Bild-Medium werden und die Wünsche der Nutzer voll zufriedenstellen können.

Computer in der Schule

Nachdem der Computer heute in viele Bereiche unserer Lebens- und Berufswelt Einzug gehalten hat, steht er auch *im Mittelpunkt* der von Pädagogen und Bildungspolitikern geführten *Mediendiskussion.* Während auf der einen Seite die volle Integration des Computers in den Aufgabenbereich der Schule gefordert wird, um die Schüler adäquat auf ihre künftige Berufs- und Lebenswelt vorzubereiten, wird auf der anderen Seite vor einer Computerisierung und emotionalen Austrocknung der Schule gewarnt. Diese Diskussion erinnert an die zu Beginn der siebziger Jahre geführten Medien- und Technologiediskussionen. Bereits damals wurde als Nachfolge der Lernmaschinen mit Hilfe von Computern programmierter Unterricht in Schulen

Mögliche bildungsrelevante Angebote und Dienste

Informationen über Bildungsinstitutionen und über Bildungsangebote

Adressen, Sprechzeiten, Anmeldetermine, Teilnahmebedingungen, Prüfungsanforderungen, Prüfungstermine, Kurstermine, Ferienzeiten, Kursangebote, Studienberatung, Vorträge usw.

Anmeldungs- und Bestelldienst

Einschreiben für Kurse,
Bestellen von Büchern/Medien/Materialien

Lexikalische Informationen

Sachlexikon, Personenlexikon, Rechtschreiblexikon, Formelsammlung, Fremdsprachenwörterbuch usw.

Berichte

Bibliographie, Kurzbericht, Abstract usw.

Kurse

Begleitmaterial, Einführungskurs, Fernlehrkurs, Lernprogramm usw.

Zugang zu externen Rechnern

Datenbank-Recherche, computerunterstütztes Lernen und Problemlösen, Testservice, usw.

Mitteilungsdienst

Individueller Informationsaustausch
mit anderen Lernenden/mit Dozenten/Fachspezialisten

durchgeführt. Damals bestand das Ziel in der Ermöglichung individuellen Lernens durch adaptive Lernsteuerung über den Computer.
Aus einer Reihe von Gründen – vor allem aus finanziellen – konnte sich in den siebziger Jahren der Computer in den Schulen nicht durchsetzen. Heute sind die Computer für den Schulgebrauch viel besser geeignet: Sie sind preiswerter, sie verfügen über eine hohe Rechengeschwindigkeit und Speicherkapazität; es gibt geeignete und preiswerte *Peripheriegeräte* (Speicher, Drucker) und eine Fülle von Programmen.
Die zu Beginn der siebziger Jahre angestoßene Diskussion über Rechnersteuerung und automatische Informationsverarbeitung hat mittlerweile in allen Bundesländern zur Einführung des Fachs „Informatik“ als eigenständigem Schulfach geführt. Durch *Spendenaktionen der Computer-Industrie*, die den Schul-Markt stärker erschließen will, wurden einige Schulen mit Computern ausgestattet. Viele Schüler und auch Lehrer haben sich außerhalb der Schule selbständig zu Computer-Spezialisten entwickelt, was ihr Interesse am Computer verdeutlicht.
In der Schule ergaben sich zwei Verwendungsbereiche für den Computer: Unterstützung in pädagogischen Prozessen und Unterstützung bei Verwaltungs- und Beratungsaufgaben.
Die Verwendung des Computers *im Unterricht* erfolgt zunächst vorwiegend im Fach Informatik, soll aber fortschreitend auch auf andere Fächer (wie Mathematik, Physik, Biologie und sozialwissenschaftliche Fächer) ausgedehnt werden. Folgende *Ziele* stehen dabei im Vordergrund:
- Erlernen algorithmischer Verfahren, Entwickeln von Algorithmen zur Lösung von Problemstellungen, Umsetzen der Algorithmen in Computerprogramme, Überprüfen und Korrektur dieser Programme;
- Simulation komplexer Zusammenhänge unter Variation mehrerer Parameter;
- Meßwerterfassung, Prozeßsteuerung, Prozeßregelung;
- statistische Auswertung von Experimenten, Präsentation und Dokumentation von Daten;
- Diskussion der Möglichkeiten, Auswirkungen und Gefahren des Computereinsatzes in verschiedenen Bereichen der Forschung, Produktion, Dienstleistung, Verwaltung, Handel und Kommunikation.

In *Baden-Württemberg* beispielsweise wurden in das Curriculum folgende Lernziele aufgenommen:

- Der Schüler soll die Fähigkeit erwerben, eine Aufgabe computergerecht aufzuarbeiten und auch eigene Programme selbst zu erstellen.
- Der Schüler soll verschiedene Einsatzbereiche des Computers, wie Verarbeiten von Daten, Steuerung von Geräten, Simulation und Lösen mathematischer Aufgaben, praktisch kennenlernen

und dabei auch die Möglichkeiten und Grenzen des Computers erfahren.
- Der Schüler soll die Auswirkungen der modernen Formen der Datenverarbeitung für Gesellschaft und Arbeitswelt kennenlernen.

Der Einsatz des Computers *in der Schulverwaltung* bezieht sich auf die Erstellung von Schülerdateien (Formblattausdrucke, Statistiken, Leistungsdaten), von Kollegstufendateien (Kurswahl, Kurs- und Blockbildung, Leistungsdaten), Verwendung bei Verwaltungsarbeiten (Stundenplangestaltung, Schreibarbeiten), Verwendung bei der Durchführung und Auswertung von Tests (Prüfungen und Schülerselbstkontrollen).
Für den *Hochschulbereich* gelten diese Verwendungsmöglichkeiten in übertragener Form, allerdings steht hier die Einführung und Verwendung für Forschungsaufgaben im Vordergrund.
Obwohl die Möglichkeiten der *Computergrafik* gerade in jüngster Zeit erheblich verbessert wurden und bereits Computer-Trickfilme in hoher grafischer Qualität zu sehen waren, sind Real-Abbildungen und Dokumentationsfilme bisher nur im Verbund mit externen Bildträgern (Videorecorder und Bildplattenspieler) ansteuerbar.

Interaktives Video und Bildplattentechnik

Gerade bei Informationsprogrammen und bei computerunterstütztem Lernen am Terminal stellt die Zugriffsmöglichkeit auf die bildliche Veranschaulichung eine gute Lernunterstützung dar. „Interaktives Video" und vor allem die Bildplatten-Technik erlauben, im Verbund mit dem Computer, einen raschen und im Fall der Bildplatte auch einen exakten Zugriff auf einzelne Filmsequenzen oder sogar auf jedes einzelne von 50000 Einzelbildern.
Neben namhaften pädagogischen Verlagen haben inzwischen die zuständigen Medieninstitute (*Institut für Film und Bild in Wissenschaft und Unterricht,* München, sowie das *Institut für den wissenschaftlichen Film,* Göttingen) Pilotproduktionen für Bildplatten aufgenommen. Es ist anzunehmen, daß in einigen Jahren die Lehrfilme durch Videokassetten und Bildplatten ersetzt werden. Denn beide Medien bieten im Vergleich zum Film für die Verwendung in Lehr-Lern-Prozessen erhebliche Vorzüge (zum Beispiel kein Verdunkeln, kein Einfädeln, Zugriffsmöglichkeit auf einzelne Bildsequenzen, Standbild).
Obwohl der Computer immer stärker in alle Lebensbereiche vordringt, sollte das Lernen am Computerterminal in der Schule nicht überbetont werden. Zumindest muß der notwendige Ausgleich durch Lernen im persönlichen Kontakt in der Gruppe sichergestellt sein; außerdem darf die Entfaltung der kognitiven Fähigkeiten im Umgang mit dem Computer nicht zu Lasten der Entfaltung musisch-kreativer Fähigkeiten gehen.

Und welche Möglichkeiten bietet das Kabelfernsehen?

Die Diskussion und die Entwicklung der Neuen Medien, insbesondere aber des Kabelfernsehens, wurde in der Bundesrepublik angestoßen durch den vielzitierten Telekommunikationsbericht der *Kommission für den Ausbau des technischen Kommunikationssystems* (KtK) aus dem Jahr 1976. In diesem Bericht wurde „zum Vorteil des Wirtschafts- und Sozialsystems der Bundesrepublik Deutschland" dem Ausbau des Telekommunikationssystems hohe Priorität zuerkannt. Unter anderem hat der Bericht die Erprobung des Kabelfernsehens in vier *Pilotprojekten* empfohlen. Dieser Empfehlung haben die Ministerpräsidenten im Mai 1978 durch ihren Entschluß entsprochen, vier Kabelpilotprojekte in den Städten Ludwigshafen/Mannheim, Berlin, Dortmund und München durchzuführen. Seit Anfang 1984 laufen die Pilotprojekte in Ludwigshafen und München; in Dortmund und Berlin soll der Start der Projekte im Jahr 1985 erfolgen.
Da in den Kabelprojekten die Fernsehprogramme noch über *Kupfer-Koaxial-Kabel* verteilt werden, stehen „nur" 20 Fernsehkanäle und etwa 24 UKW-Hörfunkkanäle zur Verfügung. Bei einer künftigen Benutzung der *Glasfasertechnologie* wird sich die Anzahl der verfügbaren Kanäle erheblich erweitern, so daß über ein derartiges Breitbandnetz neben Kabelfernsehen auch alle anderen Telekommunikationsdienste wie Telefon, Bildtelefon, Kabeltext, Bildschirmtext, Telefax usw. in einem integrierten Verfahren abgewickelt werden können. Im Rahmen der BIGFON-Versuche werden derartige Breitbandige Integrierte Glasfaser-Fernmelde-Ortsnetze von der Bundespost gegenwärtig in mehreren Städten erprobt.
Für den Bildungsbereich bietet das Kabelfernsehen gegenüber dem bisherigen Fernsehangebot eine starke *quantitative* Erweiterung des Programmangebots wie zum Beispiel die Nutzungsmöglichkeit von Bildungsprogrammen aus den Dritten Programmen der ARD-Fernsehanstalten oder den Empfang von fremdsprachigen Fernsehsendungen, die über Satellit in das Kabel eingespeist werden. Außerdem ist eine optimale technische Empfangsqualität einschließlich Stereoton zu erwarten. Beim Kabelfernsehen ist die Einrichtung eines Bildungskanals sowie die Ausstrahlung von Zielgruppensendungen möglich, so daß für diese Programmgattungen nicht mehr in die späten Abendstunden ausgewichen werden muß. In einem sogenannten „Offenen Kanal" oder „Bürgerkanal" kann Gruppen und Minderheiten Gelegenheit gegeben werden, ihre Ansichten und Probleme einem größeren Publikum darzustellen.
Völlig neue Kategorien der Telekommunikation werden allerdings erst möglich, wenn der Teilnehmer über einen *Rückkanal* Mitteilungen zur Zentrale senden kann, um seine Meinung zum laufenden Programm kundzutun, Fragen zu beantworten oder um eine bestimmte Sendung vorzubestellen, die dann nach Sendeschluß auto-

matisch auf seinen Videorecorder überspielt wird. Im Berliner Kabelpilotprojekt soll eine derartige Rückmeldemöglichkeit, zunächst mit Hilfe von Bildschirmtext, erprobt werden. Im Bildungsbereich lassen sich für diese Technologie eine Reihe sinnvoller Anwendungsmöglichkeiten, vor allem für das Fernstudium und für die Erwachsenenbildung, vorstellen.
Die Durchführung der vier Kabelpilotprojekte war ursprünglich beschlossen worden mit dem Ziel, die technischen Möglichkeiten sowie die gesellschaftlichen Auswirkungen zu untersuchen. Mittlerweile ist die Verkabelung auch außerhalb der Projektgebiete bereits so weit fortgeschritten, daß *kaum mehr an eine Rückholbarkeit des Kabelfernsehens* gedacht werden kann, zu welchen Ergebnissen die Pilotprojekte auch führen mögen.

Die Entwicklung Neuer Medien läuft schneller, als das Bildungssystem darauf reagieren kann

Die *Kritiker* sehen im Kabelfernsehen große Gefahren für Kultur und Gesellschaft: das Fernsehangebot werde noch flacher werden als bisher, Unterhaltungsprogramme würden im Vordergrund stehen, vor allem Kinder würden zu einem noch stärkeren Fernsehkonsum verleitet.
Andere sehen im Kabelfernsehen Chancen für eine größere Meinungsvielfalt und fordern eine Intensivierung der Medienpädagogik, um den Gefahren des Medienkonsums entgegenzuwirken. Die Medienpädagogik ist in ihrem Bemühen, zu einem sachgerechten, kritisch-distanzierten und konstruktiven Umgang mit den Medien zu erziehen, auf die Mitwirkung der Eltern angewiesen. Allerdings zählen häufig gerade die Eltern von Kindern mit hohem Fernsehkonsum zu den Fernseh-Vielsehern, so daß Medienpädagogik nicht nur in der Schule, sondern auch in der Erwachsenenbildung gefordert ist.
Die Entwicklung im Bereich der Neuen Medien vollzieht sich zur Zeit schneller, als das Bildungswesen darauf reagieren kann. Auch finanziell sind die Schulen, Hochschulen und Volkshochschulen bezüglich der Ausstattung mit Medien überfordert. Ein realistischer Weg, um zu einer theoretischen und praktischen Auseinandersetzung mit den Neuen Medien im Bildungsbereich zu kommen, führt über die Aus- und Weiterbildung interessierter Lehrkräfte und über die gezielte Förderung von Projektinitiativen. Auf diese Weise können unterschiedliche Organisationsformen erprobt und didaktische Möglichkeiten entwickelt werden. Nur so wird die *Gefahr von großflächigen Fehlinvestitionen* vermieden; denn die Entwicklung und Veränderung der Medien- und Kommunikationstechniken wird wahrscheinlich noch bis weit ins zweite Jahrtausend andauern.

Von Algorithmus bis Videotext

Kleines Glossar informationstechnologischer Fachbegriffe

Algorithmus

Latinisierung des Namens von *Al Chwarismi* (um 820 n. Chr.), eines arabischen Mathematikers, der eines der ältesten Algebrabücher verfaßt hat.
Rechenverfahren, das nach starren Regeln abläuft und deshalb mechanisierbar ist, zum Beispiel der Multiplikationsalgorithmus, dessen Regeln man in der Schule lernt.
Der Algorithmusbegriff läßt sich auf alle Steuerungs- und Verarbeitungsvorgänge anwenden, die nach erfaßbaren festen Regeln vor sich gehen. Im Bereich der menschlichen Informationsverarbeitung unterscheidet man *zwei Typen* von Plänen: Algorithmen und Heuristiken. Während Algorithmen bei folgerichtiger Anwendung immer zu korrekten Resultaten führen, sind *Heuristiken* eher Daumenregeln, die auf unsystematisierter Erfahrung beruhen und deshalb die Zielerreichung nicht garantieren können.

Analog

Prinzip der Darstellung von Werten durch entsprechende Größen, zum Beispiel das Anzeigen der Temperatur durch die Höhe der Quecksilbersäule in einem Thermometer.
Werden elektrische Signale analog übertragen, heißt das, daß die Schwingungen des Stroms an jeder Stelle den akustischen Schwingungen des Schalls entsprechen. Die Kapazität einer Leitung für analoge Übertragung wird in *Hertz* (Schwingungen pro Sekunde) angegeben.
Im Bereich der maschinenlesbaren Schriften bedeutet analog, daß die Zeichen durch eine entsprechend große Fläche von anderen Zeichen unterscheidbar sind.

BIGFON

Breitbandiges **I**ntegriertes **G**lasfaser **F**ernmelde-**O**rts-**N**etz.
Versuch der *Deutschen Bundespost,* folgende Dienste über Glasfaser zu übertragen: Hörfunk und Fernsehen, digitalisiertes Fernsprechen, Bildfernsprechen, Telex, Telefax.
Der BIGFON-Versuch soll etwa drei Jahre dauern. Insgesamt wer-

den zehn BIGFON-Inseln (darunter Stuttgart) mit jeweils zwischen 30 und 50 Teilnehmern errichtet. Erprobt werden sollen in erster Linie das Systemkonzept und die Funktionsweise der technischen Anlagen.

Bildschirmtext (Btx)

Kommunikationssystem, bei dem Telefon und Fernsehgerät gekoppelt werden. Für den Betrieb sind ein (→) Modem, ein (→) Decoder und eine alphanumerische Tastatur erforderlich.
Btx ist ein *interaktives* Medium (internationale Bezeichnung: *interactive videotex),* das heißt, die Teilnehmer können als Anbieter wie als Nachfrager Grafik- und Textinformationen abrufen beziehungsweise zur Verfügung stellen. Große Chancen werden Btx im Bereich der Geschäftskommunikation und des privaten *Home Banking* (Kontoführung) und *Home Shopping* (Warenbestellung) eingeräumt. Bundesweit gibt es gegenwärtig rund 25000 Btx-Teilnehmer.

CAD

Zwei Bedeutungen:
1. *computer aided design;* Computerunterstütztes Entwerfen, Konstruieren, Entwickeln in zahlreichen Wirtschaftsbereichen, wie Architektur, Maschinenbau . . .
   Besonderes Kennzeichen von CAD ist die sehr weit entwickelte grafische Datenverarbeitung.
2. *computer aided drafting;* Computerunterstütztes Zeichnen.

CD

Compact Disc; neues digitales Tonträgersystem.
Die CD hat einen Durchmesser von 12 cm und eine Spieldauer von einer Stunde. Sie wird von einem Laserstrahl ohne jede mechanische Berührung abgetastet. Die Wiedergabequalität wird nicht durch Kratzen, Rauschen usw. beeinträchtigt.

CNC

Computerized Numerical Control; Maschinensteuerung mit Hilfe von Computerprogrammen.
CNC-Maschinen verfügen über eingebaute Mikrocomputer.

Code

Schlüssel, Verschlüsselungssystem.
Die Umsetzung einer Informationseinheit aus einem bestimmten Zeichenvorrat in einen anderen, etwa von Buchstaben und Zahlen in das binäre, das heißt zweiwertige, Zeichensystem der Computertechnik, bezeichnet man als Codierung.

Decoder

Technisches Gerät zur Codeumsetzung, das heißt Entschlüsselung. Bei Btx und Videotext setzt der in das Fernsehgerät und den Monitor eingebaute Decoder die empfangenen Signale so um, daß sie in lesbarer Form auf dem Bildschirm erscheinen.

Dialog

Auflösung eines komplexen Arbeitsprozesses mit einem Datenverarbeitungssystem in einzelne Schritte, die aus Dateneingabe, interner Verarbeitung und Datenausgabe über (in der Regel) Bildschirm bestehen.

Digital

Prinzip der Darstellung von Informationen durch Ziffern. Bei der digitalen Informationsverarbeitung nimmt das Signal nur zwei physikalische Zustände an: Strom fließt/Strom fließt nicht. Die Kapazität von Leitungen für digitale Signale wird durch die Bitrate (bit = *binary digit,* zweiwertige Ziffer) angegeben und in bit/sec gemessen.
Die digitale Übertragung und Darstellung ist weniger störanfällig und erheblich leistungsfähiger als die analoge.

Hardware

Bezeichnung für die faßbaren technischen Einrichtungen einer Datenverarbeitungsanlage: Ein-/Ausgabegeräte, Speicher, Zentraleinheit.
Als Hardware bezeichnet man heute auch Videokameras und -recorder, während Kassetten und die auf ihnen gespeicherten Informationen (→) Software genannt werden.

ISDN

Integrated Services Digital Network.
Bezeichnung für ein (→) digitalisiertes Telefonsystem, in dem verschiedene Dienste wie Datenübertragung, Fernkopieren, Bildschirmtext usw. sehr schnell und in großen Informationsmengen übertragen werden können. In der Bundesrepublik soll ISDN bis 1988 ausgebaut werden.

Modem

Abkürzung für Modulator-Demodulator.
Einrichtung zur Umsetzung binärer Zeichen in Frequenzen beziehungsweise zur Umsetzung von Gleichstromsignalen auf Übertragungswege, die, wie das Telefonnetz bislang, nur für Wechselstromsignale vorgesehen sind.

Modul

Bezeichnung für einen Baustein – sowohl im (→) Hardware- als auch im (→) Software-Bereich.
Steckbare und einzeln austauschbare Funktionseinheiten eines elektronischen Geräts werden ebenso als Module bezeichnet wie die einzelnen Bausteine eines Programms für die Datenverarbeitung.

Off-line

Nicht angeschlossen. Bezeichnung dafür, daß ein Gerät nicht direkt mit der Zentraleinheit, das heißt dem Rechen- und Steuerwerk, eines Computers verbunden ist.

On-line

Direkte Verbindung. Bezeichnung für den Anschluß der peripheren Geräte, zum Beispiel der Datenein- oder -ausgabe an eine Zentraleinheit.
Die On-line-Schaltung ermöglicht nicht nur die schnellere Datenverarbeitung und den Dialogbetrieb, sondern auch die Überwachung der Arbeitsvollzüge.

Schnittstelle

Auch *Interface* genannt. Übergangsstelle zwischen zwei Bereichen. Sie dient bei Geräten, Anlagen und Leitungsnetzen zur Abgrenzung technischer Funktionen oder administrativer Zuständigkeiten. So ist etwa der Btx-Modem die Schnittstelle zwischen Posthoheit und privater Verfügung.

Software

Sammelbegriff für Programme und zu verarbeitende Daten, oft einschließlich der Informationsträger wie Disketten, Tonbänder, Videokassetten.

Telefax

Fernkopiersystem über das Telefonnetz; wird durch die geplante (→) Digitalisierung erheblich an Attraktivität gewinnen. Zur Zeit dauert die Übertragung einer A-4-Seite etwa drei Minuten.

Teletex (Ttx)

Bürofernschreiben; Verbindung einer Speicherschreibmaschine mit einem elektronischen Fernschreiber. Zeichnet sich gegenüber dem älteren Fernschreiben durch schnellere Übertragung (2400 bit/sec

gegenüber 50 bit/sec) aus. Das heißt, daß eine A-4-Seite in knapp zehn Sekunden übertragen wird.
Die Speicherschreibmaschine kann (→) off-line als normales Gerät zur Textverarbeitung verwendet werden.

Teletext

Sammelbegriff für alle Formen der nachrichtentechnischen Textübertragung. Im einzelnen gehören hierzu Bildschirmtext, Videotext und Teletex (Ttx).

Videotex

Internationale Bezeichnung für nachrichtentechnische Dialogsysteme, die sich eines Fernsehgeräts oder Monitors zur Text- und Grafikdarstellung bedienen, in der Bundesrepublik Bildschirmtext; nicht zu verwechseln mit (→) Videotext.

Videotext

Ein von den Rundfunkanstalten verantwortetes und ausgestrahltes Informationssystem, das mit Hilfe eines im Fernsehgerät eingebauten (→) Decoders empfangen werden kann. Angeboten werden Kurznachrichten, Pressevorschauen (in Kooperation mit den fünf überregionalen Zeitungen: Die Welt, Frankfurter Rundschau, Frankfurter Allgemeine, Handelsblatt und Süddeutsche Zeitung), Kochrezepte, Wetter, Sportmeldungen usw. Die einzelnen Angebotsseiten werden mit Hilfe einer besonderen Fernbedienung abgerufen.
Die Untertitelung von Informationssendungen und Spielfilmen hat vor allem bei hörbehinderten und -geschädigten Menschen positive Resonanz ausgelöst.
Videotext ist im Unterschied zu Btx nicht (→) dialogfähig.

Literaturhinweise

Brepohl, K., Lexikon der neuen Medien, 3. Aufl. Deutscher Instituts-Verlag, Köln 1984.
Schulze, H. H., Das rororo Computer Lexikon. Rowohlt, Reinbek 1984.
Silbermann, A., Handwörterbuch zur Massenkommunikation und Medienforschung, 2 Bände. Spiess, Berlin 1982.
Vielmuth, U., Fachwort-Lexikon: Film Fernsehen Video. DuMont, Köln 1982.

Hartmut Boger

Die Autoren

Dr. Willy Erlwein ist wissenschaftlicher Mitarbeiter am Geschwister-Scholl-Institut für Politische Wissenschaft der Universität München. Er war unter anderem auch mehrere Jahre lang als Referent für gesellschaftspolitische Fragen im Vorstandsbereich „Personal“ der Siemens AG in München tätig.

Dr. Ernst Hofmeister ist Physiker. Er ist Leiter der technischen Referate im Unternehmensbereich Bauelemente der Siemens AG, München.

Dr. Jürgen Seetzen ist Leiter der Abteilung Wirtschafts- und Sozialwissenschaftliche Begleitforschung des Heinrich-Hertz-Instituts für Nachrichtentechnik Berlin GmbH.

Dr. Friedrich Weltz arbeitet als Industriesoziologe vor allem im Industrie- und Verwaltungsbereich.

Dipl.-Volkswirt Dr. Arndt Sorge ist Projektkoordinator für das Gebiet „Neue Technik und unternehmerische Initiativen“ im Internationalen Institut für Management und Verwaltung beim Wissenschaftszentrum Berlin (WZB). Zugleich ist er Privatdozent am Fachbereich Gesellschaftswissenschaften der Universität Frankfurt/M.

Dipl.-Politologin Gerlinde Dörr ist Mitarbeiterin am Internationalen Institut für Vergleichende Gesellschaftsforschung/Arbeitspolitik beim Wissenschaftszentrum Berlin (WZB).

Dipl.-Ing. Dr. Werner Dostal ist Wissenschaftlicher Direktor des Instituts für Arbeitsmarkt- und Berufsforschung (IAB) der Bundesanstalt für Arbeit, Nürnberg.

Werner Wild, M. A., hat Politikwissenschaft, Soziologie und Volkswirtschaft studiert und promoviert an der Universität Heidelberg über das Thema „Demokratisierung der Arbeitsbeziehungen in der Weimarer Republik und in der Bundesrepublik“.

Prof. Dr. Ludwig Issing ist Inhaber der Professur für Medienforschung am Institut für Psychologie der Freien Universität Berlin.